Toute la cuisine facile, saine & naturelle

POUR ÊTRE AU TOP DE LA FORME !

Découvrez le catalogue des éditions Solar sur www.solar.fr

Directeur éditorial : Didier Férat
Directrice éditoriale adjointe : Corinne Cesano
Édition : Marjorie Goussu
Relecture : Lucia Di Bisceglie
Correction : Sylvie Rabuel
Création graphique de la couverture et de la maquette intérieure : Marie-Valentine Blond
Mise en page et photogravure : Nord Compo
Fabrication : Laurence Duboscq

Solar | un département **place des éditeurs**

place
des
éditeurs

ISBN : 978-2-263-14642-8
Code éditeur : S14642
Dépôt légal : octobre 2016
Imprimé en Chine par Leo Paper.

Toute la cuisine facile, saine & naturelle

POUR ÊTRE AU TOP DE LA FORME !

Avec la collaboration de
Véronique Liégeois,
diététicienne-nutritionniste

SOLAR
EDITIONS

Introduction

Nous vous proposons dans cet ouvrage plus de 200 recettes gourmandes qui allient plaisir et bien-être. Adaptées à toute la famille, elles vous permettent de varier vos menus selon vos envies, en capitalisant les effets santé, grâce à des ingrédients concentrés en micronutriments.
Vous trouverez au fil de ces pages :

Des infos sur les nouveaux modes alimentaires : sans gluten, sans lactose, vegan, veggie. Comment équilibrer vos menus, comment choisir les ingrédients de vos recettes ? Découvrez aussi **des repères sous forme de pictos** : sans gluten, sans lactose, veggie, vegan, détox, index glycémique bas, anti-âge, superaliment et superdigeste, pour répondre à vos besoins du moment et adapter votre alimentation à votre profil forme.
Des recettes légères et gourmandes, faciles à réussir, à déguster du petit-déjeuner, pour bien commencer la journée et être en forme, jusqu'au dîner, sans oublier en-cas et goûters, qui sont aussi des pauses bien-être !
Des conseils pour adopter au quotidien des réflexes cuisine : les bons modes de cuisson, les assaisonnements santé, les meilleurs ingrédients à privilégier.
Des conseils pratiques pour préparer vous même du tofu, faire germer des graines ou préparer des légumes lacto-fermentés : pour une alimentation vivante et ultra vitaminée au quotidien.

Bien manger n'est pas compliqué, et se faire plaisir tout en adoptant une alimentation santé est réellement possible.
C'est ce que nous vous proposons au fil de ces pages...
Et maintenant, à vous de jouer !

Sommaire

Les 10 COMMANDEMENTS de la cuisine de la forme

1 Je choisis des ingrédients sains

Optez pour des ingrédients de bonne qualité : frais et labellisés (Agriculture Biologique, Label Rouge, Indication Géographique Protégée...). Plus riches en micronutriments protecteurs, ils contiennent également moins d'additifs indésirables. Les légumes, fruits, viandes et fromage IGP sont produits dans un terroir précis, avec un savoir-faire reconnu. C'est une garantie de qualité. Invitez également le bio à votre table à chaque fois que possible : produits sans engrais, sans pesticides ou sans antibiotiques de synthèse, ces produits sont meilleurs pour votre santé et pour la planète. Bon à savoir également : tous les produits biologiques transformés (biscuits, sauces, plats préparés...) contiennent beaucoup moins d'additifs que les produits conventionnels.

C'est bon pour ma forme

Je cuisine avec au moins 50 % d'ingrédients biologiques.

2 Je cuisine au quotidien

Pas besoin de passer des heures en cuisine, mais la bonne idée, c'est de cuisiner malin, des produits simples, en quelques minutes : salades de crudités express, pâtes complètes au pesto, viandes et poissons grillés… plutôt que de se jeter sur des plats tout préparés, souvent trop riches en sel, en sucre et en additifs divers. Suivez les bonnes tendances : plat uniques (wok de légumes, nouilles chinoises, crevettes), salades composées géantes aux légumineuses, buddha bowls (grands bols veggie avec céréales, légumes, tofu, houmous ou guacamole), les sandwichs santé (pain aux graines, crudités, chèvre, saumon, jeunes pousses…), L'important, c'est d'adopter de bons réflexes sur le long terme : une cuisine simple au quotidien, et des petits extras (restaurant, plats tout prêts…) pour changer, de temps en temps.

C'est bon pour ma forme

Je cuisine les plats que j'aime, sans me laisser influencer par tout ce que je lis ou j'entends. Le plaisir avant tout !

3 Je privilégie les aliments santé, je découvre les superaliments

Certains aliments basiques sont concentrés en micronutriments indispensables à votre santé : ils doivent figurer à chacun de vos repas ! Fruits et légumes frais – pour les antioxydants–, céréales complètes (pâtes d'épeautre, quinoa, sarrasin, millet…), graines et fruits séchés (antioxydants pour prévenir le vieillissement cellulaire, minéraux essentiels à l'organisme), poisson et produits de la mer (oligo-éléments, Oméga 3 bons pour le cœur), huiles végétales vierges (Oméga 3, antioxydants). Et pour booster votre forme, intégrez régulièrement des aliments ultra concentrés en micronutriments : bienvenue aux superaliments ! Klamath, spiruline, baies de goji, cranberries, curcuma, urucum… à ajouter régulièrement dans vos plats pour un plus santé.

C'est bon pour ma forme

J'ai toujours sous la main 2 ou 3 superaliments, et je varie chaque semaine.

4

Je surveille l'index glycémique des aliments

Les aliments à index glycémique (IG) bas sont assimilés lentement et leur énergie est utilisée progressivement par l'organisme. Résultat : vous avez de l'énergie à revendre, mais jamais de fringale. À mettre au menu : lentilles, pois, fèves, pâtes complètes, riz noir, sarrasin, haricots rouges, graines oléagineuses et fruits frais et secs. Et à limiter au maximum : le sucre et les produits sucrés (boissons sucrées, bonbons...), mais aussi le pain blanc, les biscottes ou les céréales sucrées de petit déjeuner, que vous remplacerez par un muësli à base de céréales complètes et de fruits secs. Consommer davantage d'aliments à index glycémique bas favorise une bonne régulation du métabolisme des sucres mais aussi des graisses, et vous fera sans doute perdre quelques centimètres de tour de taille. Donc pas d'hésitation : on s'y met !

Mieux connaître l'index glycémique des aliments (valeurs moyennes)

À PRIVILÉGIER	IG
Pâtes complètes, pâtes de blé dur	50
Riz blanc, riz complet	50
Sarrasin	50
Pain complet aux céréales	43
Légumineuse (lentilles...)	30
Fruits frais crus	25 à 50
Légumes crus et cuits	15 à 30
À LIMITER	
Sucre	100
Dattes	100
Fruits au sirop	70
Viennoiseries, gâteaux	70 à 80
Barres de céréales	60
Purée de pomme de terre	80
Baguette blanche	70

C'est bon pour ma forme

Si j'ai envie d'un dessert sucré, je le consomme à la fin d'un repas, son index glycémique sera moins élevé que si je le mange isolément.

5 J'assaisonne avec de bonnes graisses

Ne bannissez pas les lipides de votre alimentation : ils sont indispensables au fonctionnement cérébral et sont présents dans chacune de vos cellules ! Peau sèche, constipation, fringales ? Vous avez peut-être réduit excessivement votre apport en lipides. La bonne dose : 3 cuillerées à soupe par jour, réparties entre beurre (10 g), huile d'olive et huile de colza (ou de noix). À découvrir également : l'huile de coco, une tendance qui a du sens ! L'huile de coco est en effet directement brûlée par les cellules du corps, sans passer par la case stockage ! Elle ne vient donc pas augmenter vos petits capitons, elle sert plutôt de carburant aux muscles. Et sa saveur douce est parfaite pour réaliser wok, nouilles et légumes sautés, ou même les gâteaux.

C'est bon pour ma forme

Je privilégie l'usage à cru des matières grasses, pour profiter de tous leurs bienfaits.

6 J'apprivoise les Oméga

3, 6 ou 9 ? Les Oméga 3, contenus dans l'huile de colza, de noix et dans les poissons gras sont impliqués dans le bon fonctionnement cardiovasculaire. Et ils ont un effet positif sur l'humeur… On en abuse volontiers !
Réduisez en parallèle vos apports en Oméga 6 (huile de tournesol), car nous en consommons trop. Les Oméga 9 (huile d'olive et d'arachide) sont également à privilégier, pour les salades et pour la cuisson.
Et le beurre ? Digeste, source de vitamine A et D indispensables à la croissance, il n'est pas à bannir, surtout chez les enfants et les ados. Ses acides gras sont très diversifiés, et complémentaires de ceux contenus dans les huiles végétales. La bonne dose : 10 g par jour (soit l'équivalent d'un petit carré de beurre), à consommer cru sur les tartines ou juste fondu, sur les pâtes ou les légumes.

Les meilleures huiles pour assaisonner

OMÉGA 3

Huile de colza
Huile de noix
Huile de chanvre
Huile de lin
Huile de caméline

OMÉGA 9

Huile d'olive
Huile de soja
Huile d'arachide
Huile de noix de macadamia

C'est bon pour ma forme

J'utilise toujours deux huiles complémentaires (Oméga 3, Oméga 9) et je varie quand je fais mes courses.

7 Je n'abuse pas de la viande

Sans devenir végétarien, il est sans doute raisonnable de limiter sa consommation de viande à une portion par jour, voir moins. Par quoi la remplacer ? Par du poisson (deux fois par semaine) et par des œufs (une à deux fois par semaine), mais surtout par des plats veggie qui associent céréales, légumineuses et graines oléagineuses, et dont la combinaison protéique est d'excellente qualité. Soupe de lentilles et riz au curry, haricots rouges et maïs aux épices mexicaines, assiettes veggie avec quinoa, fèves et amandes... Laissez-vous guider par vos envies ! Complétez également vos apports en protéines avec du tofu (voir comment le faire soi même page 26), ou du seitan (vendu en magasin bio), une à deux fois par semaine. L'idée, c'est aussi de réduire la quantité de viande dans les plats traditionnels : faire un chili avec seulement 200 g de viande pour 4 personnes, ou doubler la proportion de légumes dans un pot-au-feu, une potée, en réduisant en parallèle la viande. Et pourquoi pas .. Instaurer une journée sans viande chaque semaine. C'est aussi l'occasion de faire des économies !

C'est bon pour ma forme

Je choisis une viande de bonne qualité (bio, labellisée...) quand j'ai envie d'en manger.

8 Je me régale d'aliments vivants

C'est bon pour ma forme

J'installe un germoir à graines dans ma cuisine pour avoir toujours des pousses fraîches sous la main.

Graines germées et légumes lactofermentés... Ces aliments vous apportent un plus de vitalité ! Faciles à faire soi-même, ils contiennent des enzymes et des ferments bénéfiques qui favorisent la digestion et le bon fonctionnement du colon. Ils s'utilisent à petite dose, comme des condiments, à raison d'une pincée (ou cuillerée à soupe) par assiette. Concentrés en minéraux et vitamines, ils enrichissent vos plats en nutriments santé, même présents à petite dose. À consommer chaque jour pour un effet santé à long terme, d'autant qu'ils sont très faciles à réussir soi-même (voir page 30).

9 Je construis mes repas

Des ingrédients frais, une cuisine simple, des repas complets... Votre journée s'équilibre : finis les fringales, les coups de fatigue, la digestion difficile et le sommeil agité. Faites dans la mesure du possible trois repas principaux d'importance équivalente pour favoriser un bon fonctionnement digestif. Ajoutez, si besoin, une collation (fruit, laitage, fruits secs) dans la matinée ou l'après-midi, mais ne grignotez pas : votre système digestif a besoin de faire des pauses, lui aussi. Si la composition des repas est importante pour respecter un bon équilibre alimentaire, les horaires suivront votre rythme de vie : essayez simplement d'espacer vos repas d'au minimum 5 à 6 heures.

C'est bon pour ma forme

Je cuisine d'avance (légumes, céréales...) pour construire mes repas en quelques minutes, sans stress !

10 Je consomme des aliments de saison, produits près de chez moi

Les saisons rythment l'année, c'est un cycle naturel qu'il est bon de respecter ! Fruits et légumes produits et consommés au bon moment, dans leur saison, regorgent de vitamines et sont plus gourmands ! Chaque saison vous apporte des produits aux valeurs nutritionnelles complémentaires, et la nature est bien faite. Vous couvrirez facilement vos besoins en vitamine C, par exemple, avec les fruits d'été, les épinards et clémentines en automne, puis les choux et les oranges en hiver. Au printemps, fraises et jeunes pousses prennent le relais.

À chaque fois que possible, optez également pour les fruits, les légumes, les céréales, les viandes, les poissons et les fromages de votre région : devenez locavore ! Vous boostez l'économie de votre région, tout en limitant les transports inutiles et polluants. Enfin, c'est aussi l'occasion de tisser un vrai réseau social de proximité. Aller au marché, visiter les cueillettes et les petits producteurs, c'est aussi donner du sens et de la valeur à ce que l'on mange !

C'est bon pour ma forme

Je groupe mes achats chez les producteurs avec mes voisins, ma famille : c'est plus économique et convivial !

0 % ou 100 %

100 % détox

Le corps peut retenir des toxines, de l'eau, des molécules indésirables, car ses capacités naturelles de nettoyage sont débordées... Stress, surmenage et excès alimentaires contribuent à engorger l'organisme, provoquant fatigue, problèmes de peau, digestion et sommeil perturbés. Faire une cure détox au changement de saison (printemps, automne) ou après des excès est une excellente habitude à prendre. À vous les tisanes, jus de légumes et de fruits, bouillons, légumes et poisson vapeur. Oubliez les produits laitiers, le gluten et le gras pendant quelques jours, et réduisez les quantités. Cette alimentation frugale et riche en eau va opérer un drainage profond des émonctoires : système digestif et rénal, peau et poumons ; et vous assurer un mieux-être dans les jours qui suivront.

0 % gluten

Si vous avez des troubles digestifs, une fatigue chronique, des douleurs inexpliquées... Le régime sans gluten est à tester ! Oubliez le pain, les pâtes, les gâteaux contenant du gluten... Et diversifiez votre alimentation avec du riz rouge ou noir, du quinoa, du sarrasin, du millet, ou de la patate douce.

0 % sucre blanc

Vous pouvez remplacer le sucre blanc raffiné par du miel, du sirop d'érable, du sucre roux ou complet (rapadura)... À tester également, les nouveaux sucres de plantes : gulajava, le muscovado, sucre de fleurs de coco... Parfumés, ils sont également riches en antioxydants.

0 % lactose

Problèmes digestifs, de sinusite chronique ou de peau ? Remplacez les produits laitiers (lait, yaourt, fromage, beurre, crème) par des produits végétaux : lait d'amande, de soja, de noisette, de quinoa...

100 % énergie

Ne comptez pas sur le sucre pour vous donner du tonus à moyen terme : misez plutôt sur les aliments vitaminés, sources de calories utiles ! Fruits frais (gorgés de vitamine C), fruits séchés (pleins de magnésium) ou superaliments – goji, cranberries... – très concentrés en antioxydants, bons pour votre peau et pour vos cellules.

0 % viande ?

Flexivore

De la viande ou du poisson, quand ça me dit… Mais pas trop souvent, et toujours de bonne qualité ! Si je suis invité, si je suis dans une région qui propose de bons produits, ou tout simplement si je suis tenté par l'étal du boucher. Mais le reste du temps : tendance veggie !

Veggie

Du végétal à foison, mais aussi des œufs et des produits laitiers. On diversifie avec les laits végétaux, les graines oléagineuses, les algues.

Vegan

0 % de produits animaux. Pas de viande, de poisson, d'œuf, de produits laitiers.
On compense avec des céréales, des légumineuses, des graines oléagineuses et du tofu, les algues.

L'assiette qui me va bien !

Tout est question de proportions, que vous soyez omnivore, veggie ou vegan, l'important est de composer votre assiette avec bon sens.

- Pour ceux qui consomment de la viande et du poisson : soyez vigilant, les végétaux doivent toujours prédominer en volume !
- Les vegans combleront l'absence de produits animaux par un complément en graines oléagineuses et en algues.
- Les veggies ne doivent pas consommer trop d'œufs et de fromage, au risque de déséquilibrer leur assiette.

L'assiette omnivore

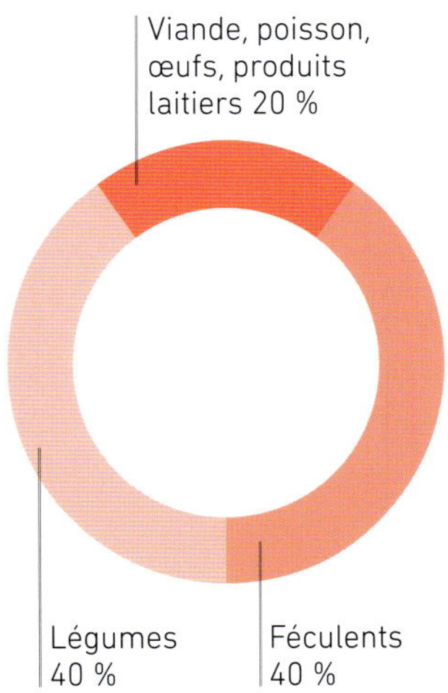

L'assiette veggie

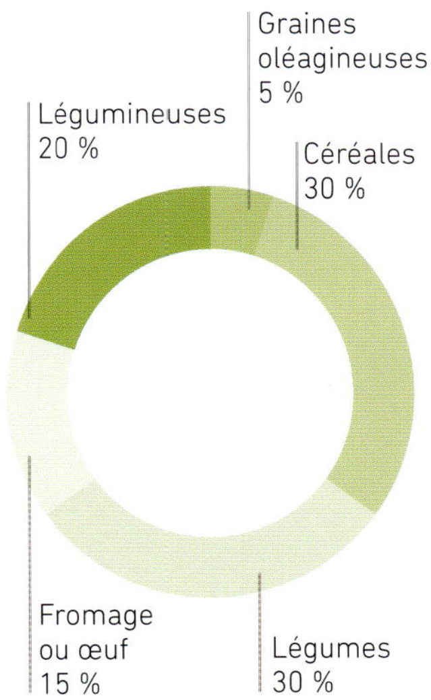

L'assiette végane

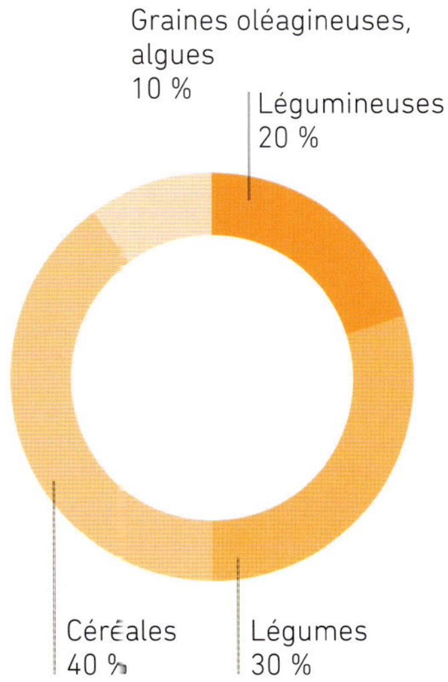

Mes PROFILS FORME et mes MENUS

Je me fais plaisir, selon mes goûts et mes objectifs forme !
Sans gluten, veggie ou anti-âge ? Chaque recette de cet ouvrage est profilée de manière que vous puissiez composer vos menus selon vos envies et vos besoins !

SANS GLUTEN

C'est tendance, mais pas seulement ! Manger sans gluten peut améliorer votre santé : ballonnements, problèmes digestifs, fatigue chronique inexpliquée, anémie... Testez sérieusement le régime sans gluten pendant au moins 3 semaines, avant de décider si vous poursuivez ou non.

Dans votre assiette :

- Riz, maïs, quinoa, sarrasin et millet remplacent le blé et ses dérivés (farine, gâteaux, pizza, pâtes, viennoiseries...)
- Faites la part belle aux fruits, aux légumes, aux poissons et viandes nature, à cuisiner vous même !
- Vérifiez l'étiquette des aliments : blé et gluten apparaissent clairement, en gras.

L'énergie au quotidien : céréales et légumineuses Avec ou sans gluten ?

SANS GLUTEN	AVEC GLUTEN
Céréales	**Céréales**
Quinoa	Blé
Riz blanc, riz complet, riz noir, riz rouge	Épeautre
Maïs	Kamut
Millet	Orge
Sarrasin	Avoine classique
Avoine (certifiée sans gluten)	
Amarante	
Fonio	
Légumineuses	
Lentille	
Haricot	
Pois chiches	
Fève	
Edamame (jeunes haricots de soja)	

Idée menu

Concombre à la menthe
Brochette de poulet au thym
Quinoa rouge et courgettes
Comté
Carpaccio de kiwi

SPÉCIAL ANTI-ÂGE

Vous souhaitez adopter une alimentation concentrée en nutriments protecteurs, ralentissant naturellement le vieillissement ? Pour une peau resplendissante, et un moral au fixe, optez pour des aliments concentrés en antioxydants et en Oméga 3.

Dans votre assiette :

- des huiles végétales vierges riches en Oméga 3 (colza, noix, lin) ;
- des fruits et des légumes variés et de saison ;
- pas d'excès de produits animaux – viande et poisson, produits laitiers.

Belles plantes

À avoir toujours sous la main pour une petite touche vitaminée : persil, basilic, menthe, coriandre... L'idéal est d'en avoir quelques pots dans sa cuisine ou sur son balcon, car ces petites feuilles perdent leur pouvoir bienfaisant dès qu'elles sont coupées.

Idée menu

Salade de radis et betterave
Mijotée de saumon au curcuma
Patate douce et baies de goji
Yaourt à la mangue

SPÉCIAL VEGGIE

Vous ne boudez ni les produits laitiers ni les œufs, mais souhaitez stopper votre consommation de viande ? À vous les grandes salades, tartes salées et céréales mijotées aux légumes. Attention à ne pas abuser des produits laitiers : alternez avec des laits végétaux (soja, amandes...), pour diversifier les acides gras.

Dans votre assiette :

- l'association gagnante céréales + légumineuses, comme pour les vegan ;
- 2 à 3 portions de produits laitiers, maximum par jour, en alternant vache, brebis, et chèvre ;
- une base de légumes cuits, sans abuser des crudités, qui peuvent être irritantes.

Bonnes graines

Cacahuète, amandes, noix, noisettes, noix de pécan, pignons, graines de potiron, de lin sont de bonnes sources de protéines et d'acides gras bénéfiques à votre santé. La bonne dose : 15 à 20 g par jour.

Idée menu

Carottes et chou râpé
Tarte aux brocolis, pignons et chèvre
Salade de mâche
Fruits au four à la cannelle

SANS LACTOSE

Le lait est souvent mal toléré par les adultes, à cause du lactose qu'il contient. Éliminez le lait, les yaourts, le beurre, la crème et le fromage si vous souffrez de ballonnements, ou de problèmes digestifs.

Dans votre assiette :

- Les laits végétaux remplacent le lait de vache, de brebis ou de chèvre. Optez pour le lait de soja, d'amande, de noisette, de quinoa, de riz ou de châtaigne, sans ajout de sucre ou d'arôme.
- Compensez l'apport en calcium avec des fruits secs (une poignée par jour), des céréales complètes, des légumineuses.

Idée menu

Tomates au basilic
Lieu en papillote au curry
Tagliatelles et champignons sautés
Yaourt au soja et miel d'oranger
Ananas

Laits végétaux

Réduire sa consommation de lait de vache parce qu'on le supporte mal ou tout simplement par goût... Pourquoi pas. Les laits végétaux sont une bonne alternative. À choisir bio et avec le moins d'additifs possibles (épaississants, arômes...), mais enrichis en calcium.

Soja : le plus riche en protéines. Il contient des substances proches des hormones féminines, donc à consommer avec modération (1 portion par jour).

Amandes : Le plus parfumé, idéal pour réaliser les desserts (crèmes, clafoutis...). Il contient naturellement du calcium.

Noisette : Super gourmand, il est parfait pour les boissons chaudes et les smoothies. Il apporte de la vitamine E, antioxydant naturel.

Quinoa : Sans gluten, ce lait typé est aussi source de protéines.

Riz : Le plus digeste, sans gluten, pauvre en fibres. Sa saveur neutre se marie au sucré comme au salé.

Coco : Très parfumé, il s'utilise pour les sauces et desserts. À ne pas confondre avec la crème de coco, beaucoup plus grasse.

SPÉCIAL VEGAN

Par conviction ou par goût, vous ne souhaitez plus consommer aucun aliment d'origine animale ? C'est possible, à condition d'équilibrer parfaitement votre alimentation, pour éviter tout risque de carence nutritionnelle (protéines, fer, vitamines A, D et B12).

Dans votre assiette :

- des légumineuses (lentilles, haricots, pois, soja...) et des céréales (blé, riz, épeautre,...), toujours en association, pour un bon apport en protéines ;
- des graines oléagineuses et des fruits secs pour les minéraux ;
- des algues (nori, wakamé...), en salade, ou comme aromate pour leur concentration en micronutriments ;
- un complément en vitamine B12 (en comprimé), car l'alimentation vegan en est carencée.

Racines nourricières

Patate douce, igname, pommes de terre colorées (vitelotte, rouge des Flandres...), ou taro sont sources de glucides. Panais, topinambour, chou-rave, crosnes ou daikon (radis asiatique), légers en calories, diversifient vos menus en apportant antioxydants et minéraux.

Idée menu

Lentilles au sésame
Pommes de terre, tofu et courgettes mijotées, aux noix de cajou
Yaourt au lait de coco
Salade d'orange et pomelo

INDEX GLYCÉMIQUE BAS

Vous surveillez votre poids, et vous êtes actif : optez pour des aliments à IG bas, ils rassasient pour plusieurs heures et évitent les fringales !

Dans votre assiette :

- des légumineuses à chaque repas, sous forme de soupe, salade ou plat principal. Lentilles, pois chiches, haricots, graines de soja, sont à consommer quotidiennement ;
- oubliez le pain blanc (à remplacer par du pain noir, ou du pain complet) ;
- associez légumes et féculents pour équilibrer les calories et diversifier vos menus.

Magique agar-agar

Cette poudre magique ne contient pratiquement pas de glucides et présente un index glycémique parmi les plus bas ! Ultra pratique pour réaliser vos petits flans maison, gourmands et légers en calories (voir step page 24).

Idée menu

Salade de fenouil
Porc au lait de coco
Pâtes complètes aux fèves
Fromage de chèvre
Salade de fruits rouges

SUPER DIGESTE

Douleurs, sensations de ballonnements qui disparaissent puis réapparaissent, souvent au gré du stress ? Réduisez les produits laitiers, les crudités et certains légumes (chou, oignon...).

Dans votre assiette :

- des légumes très digestes, cuits vapeur (carotte, courgette, fenouil, endive) ;
- un assaisonnement léger : jus de citron, huile d'olive, persil...
- des portions raisonnables et pas de grignotage, pour apaiser le système digestif.

Cuisine douce

Pour digérer facilement, évitez de cuire les matières grasses. Ajoutez, au moment de servir, sur les légumes vapeur ou les poissons grillés, une noisette de beurre frais ou 1 cuillerée d'huile d'olive.

Arômes essentiels

Ajoutez quelques gouttes d'huiles essentielles dans vos plats : certaines d'entre elles facilitent la digestion, tout en apportant une touche gourmande. Menthe, citron, orange douce, gingembre, ou basilic. À choisir bio et à utiliser en petite quantité (1 goutte par personne).

Idée menu

Soupe de courgette au gingembre
Escalope de dinde marinée au citron
Purée de carotte
Yaourt brassé à la cassonade
Poire aux épices douces

SUPER ALIMENT

Vous souhaitez adopter une alimentation super concentrée en micronutriments, et découvrir des ingrédients originaux pour vous amuser en cuisine ? Régalez-vous de superaliments ! À consommer à petite dose mais chaque jour, pour bénéficier de leurs bienfaits santé

Dans votre assiette :

- les algues (klamath, spiruline, chlorelle) : elles vous apportent des oligoéléments (zinc, cuivre...) et ont un effet detoxifiant ;
- les baies exotiques (açaï, goji...) sont des concentrés en antioxydants ;
- les épices (dont le curcuma ou l'urucum, incontournables) sont réputées pour leurs vertus anticancer.

Cassis, myrtille : les superfruits du jardin !

Ces petites baies sont concentrées en vitamine C et en en carotènes et leurs polyphénols ont des vertus anticancers. Pensez à en faire une cure en été.

Idée menu

Salade de pousses d'épinards
Filet de truite au curcuma
Riz rouge aux cranberries
Clafoutis aux myrtilles, poudre d'urucum

SPÉCIAL DÉTOX

Après des excès, pour perdre un peu de poids ou tout simplement vous revitaliser au printemps, faites une cure détox !

Dans votre assiette :

- une base végétale (légumes, fruits, bouillons, jus...) ;
- très peu de produits animaux (du poisson, très peu de viande blanche et de produits laitiers) ;
- beaucoup d'eau, de tisane ;
- des herbes fraîches (persil, ciboulette, menthe, coriandre...) et des épices douces (gingembre, cannelle), au pouvoir détoxifiant.

Le poisson

Deux fois par semaine, mais à condition de bien choisir l'espèce, pour respecter la biodiversité.

Idée menu

Green juice (épinard, citron, carotte)
Radis noir en salade
Filet de merlan en papillote
Pomme de terre et fond d'artichauts vapeur
Salade de pomelo, menthe fraîche

FEU VERT

Merlan
Dorade grise
Truite
Sardine
Lieu
Maquereau
Hareng
Saumon
Roussette
Rouget barbet
Moule, crevette, encornet

FEU ORANGE

Anchois
Thon blanc
Lotte
Turbot
Eglefin
Sole
Merlu
Bar ou loup de mer
Pangas
Sabre
Langouste

FEU ROUGE

Cabillaud
Dorade rose
Espadon
Lingue
Raie
Carrelet

Les steps

FLAN VEGGIE
à l'agar-agar

L'agar-agar est une poudre blanche extraite d'une algue. Son pouvoir gélifiant est très élevé, et elle n'apporte pas de calories ! Elle gélifie toutes les préparations : jus de fruits, soupes, purées, mousses...

Pour 4 personnes / Préparation : 10 min / Cuisson : 15 min / Réfrigération : 2 h

INGRÉDIENTS : 50 cl de lait de riz • 20 g de sucre roux • 1 sachet de sucre vanillé • 1 sachet de 2 g d'agar-agar • 1 cuil. à café de café soluble

Le + Forme

Sachet-dose ou poudre en vrac ?
Les sachets de 2 g sont parfaits pour débuter : c'est la juste dose pour gélifier 50 cl de liquide, impossible de rater votre recette !

1. Versez le lait de riz dans une casserole.

2. Ajoutez le sucre roux, le sachet de sucre vanillé, le sachet d'agar-agar (= 1 cuillerée à café rase) et le café soluble.

3. Portez à ébullition en remuant. Retirez aussitôt du feu et versez dans 4 ramequins. Laissez tiédir.

4. Couvrez de film étirable et placez au frais pendant au moins 2 heures. Démoulez au moment de servir.

TOFU
maison

Le tofu est préparé à partir de lait de soja, coagulé et égoutté, exactement comme une faisselle de fromage frais ! Source de protéines, c'est un substitut de viande à consommer 1 ou 2 fois par semaine.

Pour 250 g environ de tofu /
Préparation : 15 min /
Cuisson : 15 min / Repos : 2 h 30

INGRÉDIENTS : 2 l de lait de soja • 1 cuil. à soupe de nigari • 3 cuil. à soupe d'eau froide

Le + Forme

Où trouver du nigari ?
Le nigari est un produit traditionnel japonais concentré en magnésium. On le trouve en magasins bio et dans les supermarchés asiatiques.

Quel lait de soja choisir ?
Pour la préparation du tofu maison, optez pour un lait brut, sans additifs (arôme, calcium, etc.), qui pourraient entraver la coagulation. Idéalement, choisissez un lait de soja bio.

1. Portez à ébullition dans une casserole le lait de soja. Retirez du feu, laissez tiédir 3 minutes.

2. Délayez le nigari dans les 3 cuillerées à soupe d'eau froide.

3. Versez le nigari dans le lait chaud, remuez rapidement, puis laissez reposer 20 minutes sans mélanger.

4. Disposez le tofu coagulé dans une passoire tapissée d'un linge fin. Placez un poids sur le tofu et laissez refroidir pendant au moins 2 heures. Découpez ensuite le tofu pour le cuisiner ou conservez-le pendant 4 jours au frais dans un récipient hermétique rempli d'eau.

KÉFIR DE FRUIT
au gingembre

Le kéfir est une boisson fermentée traditionnelle originaire du Caucase, très riche en acide lactique et contenant des micro-organismes qui équilibrent la flore intestinale. Il peut se préparer avec du lait ou avec du jus de fruit.

Pour une carafe de 1,5 l / Préparation : 15 min / Réfrigération : 48 h

INGRÉDIENTS : 3 cuil. à soupe de grains de kéfir • 1 morceau de gingembre frais • 30 g de sucre roux • 1 citron bio • 30 g de figues sèches bio • 1,5 l d'eau de source

1. Rincez les grains de kéfir. Disposez-les dans un grand pot en verre ou en grès. Ajoutez l'eau de source, le sucre roux, les figues sèches coupées en dés, le morceau de gingembre frais coupé en bâtonnets et le citron bio, lavé et coupé en petits morceaux.

2. Couvrez l'ouverture du pot avec un linge propre. Laissez reposer 48 heures à température ambiante : de petites bulles de gaz se forment.

3. Filtrez, récupérez les grains pour une prochaine production. Placez au frais pour stopper la fermentation et consommez dans les 2-3 jours.

Le + Forme

Où trouver des grains de kéfir ?
Vous pourrez en acheter (frais ou déshydratés) en boutique bio, mais traditionnellement le kéfir se donne entre utilisateurs, puisque les grains se conservent et se régénèrent à condition d'être conservés au frais dans de l'eau légèrement sucrée.

Et le kombucha ?
Le kombucha est une boisson vivante, préparée sur le même principe que le kéfir, mais avec du thé, un peu de sucre (60 g/l) et une mère de kumbucha (achetée en boutique bio ou sur Internet), fermentés pendant 4 ou 5 jours à température ambiante. Détoxifiante, cette boisson peut être consommée en cure.

GRAINES germées

Les graines germées sont concentrées en vitamines et antioxydants. En les cultivant vous-même, vous en aurez chaque jour à portée de main. À ajouter dans vos salades, sandwichs, bentos et woks.

Le + Forme

Quelles graines choisir ?
Achetez des graines bio spéciales « graines germées », en magasin diététique. Radis, luzerne, poireau, betterave, roquette, lentilles, blé… Variez les saveurs et associez-les ! Et sans germoir… Disposez vos graines sur une assiette garnie de gaze de coton imbibée d'eau.

1. Faites tremper les graines pendant 1 nuit dans une tasse d'eau pure.

2. Rincez-les sous l'eau courante.

3. Étalez les graines sur la grille du germoir, sans trop les serrer, et remplissez d'eau l'espace prévu à cet effet.

4. Attendez 3 à 5 jours, puis récoltez vos pousses au fur et à mesure de vos besoins.

CHOU
lacto-fermenté

La fermentation naturelle enrichit les légumes en acide lactique et favorise le développement de micro-organismes utiles à votre flore intestinale. Ces légumes digestes et délicieux sont des ingrédients parfaits pour varier vos recettes de salades et sandwichs.

Pour 2 bocaux de 1,5 l /
Préparation : 20 min / Repos : 3-4 jours

INGRÉDIENTS : 1 chou blanc • 2 clous de girofle • 2 baies de genièvre • 15 g de sel de mer • Poivre

Le + Forme

Quels légumes utiliser ?
Tous les légumes-racines se prêtent à cette préparation : carotte, panais, radis noir, navet, chou-rave, rutabaga...

Précaution
Les légumes doivent baigner dans du liquide, pour éviter la présence d'air lors de la fermentation. Si le jus du légume n'est pas suffisant, complétez avec de l'eau salée.

1. Râpez finement le chou blanc, après avoir éliminé les feuilles extérieures et les côtes trop dures, mais sans le laver. Récupérez le jus.

2. Mélangez dans un saladier le chou râpé, le jus du chou, le sel de mer de bonne qualité et poivrez légèrement.

3. Tassez au pilon le chou râpé dans des bocaux en verre. Ajoutez 1 ou 2 clous de girofle et 1 baie de genièvre par pot. Fermez les pots sans serrer les couvercles complètement.

4. Laissez reposer 3 ou 4 jours (des petites bulles vont se former) à température ambiante (16-18 °C). Vissez ensuite les couvercles et conservez au frais, 2 à 3 semaines. Égouttez avant utilisation.

SUPER DIGESTE

Quel pain choisir ?

Si vous avez des difficultés à digérer votre petit déjeuner, optez pour un pain sans gluten (du commerce ou maison), à base de farine de riz ou de maïs et ne contenant pas de graines. Les biscottes sont également particulièrement faciles à digérer, car elles ont subi une double cuisson. Optez pour les biscottes, cracottes, et petits pains suédois, à base de farine blanche et tartinez d'une touche de beurre. Pensez aussi à faire griller vos tartines de pain, cela en facilite la digestion.

SPÉCIAL ANTI-ÂGE

Je prends soin de moi dès le matin !

Démarrez la journée avec un jus de citron pressé dilué dans un verre d'eau tiède, une demi-heure avant le petit déjeuner. Faites le plein d'antioxydants avec une belle assiettée de fruits de saison, simplement découpés. Optez pour les plus colorés, toujours plus riches en antioxydants : mangue, melon, fraises, orange, abricot, myrtille, cassis, kiwi... Complétez avec du thé vert, un laitage riche en ferments lactiques naturels (yaourt, bifidus...) et 1 ou 2 tranches de pains aux graines (lin, courge...), avec un filet d'huile d'olive ou une margarine riche en oméga 3.

SUPER ALIMENT

J'en mange tous les matins...

Une pincée de baies de goji, de cranberries ou de myrtilles séchées. À grignoter nature ou à ajouter dans un yaourt.

SPÉCIAL VEGAN

Un smootie riche en protéines !

Démarrez avec un super smoothie : mixez une banane, 50 g de tofu soyeux, 2 cuil. à soupe de germes de blé, 1 cuil. à soupe de purée d'amandes blanche, 1 cuil. à soupe de noix, 1 pincée d'algues en paillette. Diluez avec du jus de pomme et dégustez aussitôt.

SANS LACTOSE

Je remplace le lait par :

- du lait de riz, une touche de café ;
- un chocolat chaud au lait de quinoa ;
- un yaourt au soja et dés de fruits ;
- un yaourt au lait de coco à la vanille et des flocons d'épeautre ;
- un flan de lait végétal à l'agar-agar (voir p. 24).

Petits-déjeuners & brunchs

SANS GLUTEN

Gourmandises sans gluten :

- Crêpes à la farine de châtaigne (voir recette de base p. 288) et compote de pomme vanillée (voir p. 60) ;
- Muffins aux cranberries (voir p. 318 et remplacer la farine par de la farine de riz) ;
- Pancakes sans gluten (voir p. 58) et sirop d'érable ;
- Muesli maison et lait de riz (voir p. 38).

SPÉCIAL VEGGIE

Idée salée

Pour éviter les fringales dans la matinée, consommez du fromage au petit-déjeuner, mais évitez d'en manger aux autres repas. Compensez avec yaourt et fromage blanc, qui contiennent moins de matière grasse.

INDEX GLYCÉMIQUE BAS

Muesli à IG bas

Les céréales soufflées et sucrées de petit déjeuner ont un IG particulièrement élevé : à éviter absolument ! Optez plutôt pour un muesli maison, fait de flocons d'avoine, de sarrasin et de quinoa. Ajoutez des fruits frais et secs découpés, et des graines oléagineuses qui régulent naturellement l'assimilation des glucides. Ajoutez du fromage blanc et une touche de sirop d'agave ou de rapadura (sucre complet). (Voir p. 38.)

SPÉCIAL DÉTOX

Green juice du matin

Passez à la centrifugeuse une poignée de pousses d'épinards, 1 morceau de fenouil, 5 radis rouges, 1 petit morceau de gingembre. Ajoutez ½ verre d'eau et le jus d'un citron. Dégustez aussitôt.

PORRIDGE
miel et noix

SANS LACTOSE · SPÉCIAL ANTI-ÂGE · SPÉCIAL VEGAN · INDEX GLYCÉMIQUE BAS

POUR 2 BOLS
PRÉPARATION : 2 MIN
REPOS : 1 H À 1 NUIT

INGRÉDIENTS

- 20 cl de lait (ou lait végétal, amande, riz, avoine...)
- 100 g de flocons d'avoine
- 2 cuil. à soupe de miel
- 40 g de cerneaux de noix du Périgord (10 noix environ)
- 2 cuil. à café de raisins secs (ou autres fruits secs)

1. **Mélangez** dans un saladier les flocons d'avoine et le lait de votre choix.

2. **Recouvrez** le saladier d'un film plastique et mettez-le au réfrigérateur pour 1 heure au moins ou pour toute la nuit.

3. **Servez** les flocons d'avoine dans 2 bols, ajoutez le miel, saupoudrez de noix, que vous pouvez concasser ou garder entières, et de raisins secs. Pour une touche moelleuse, vous pouvez remplacer les raisins par des figues ou des abricots.

Le + Forme

Les noix sont d'excellentes sources d'oméga 3, qui améliorent la fluidité sanguine et protègent le système cardiovasculaire.

HEALTHY muesli

SPÉCIAL ANTI-ÂGE · SPÉCIAL VEGGIE · INDEX GLYCÉMIQUE BAS

POUR 300 G DE MUESLI

PRÉPARATION : 10 MIN

INGRÉDIENTS

100 g de flocons d'avoine

100 g de flocons d'orge

25 g de noix de pécan

25 g d'amandes

25 g de raisins secs

25 g de banane séchée

2 cuil. à soupe d'huile végétale (noisette, noix, noix de coco...)

2 cuil. à soupe de miel (si vous aimez le muesli bien sucré)

1 cuil. à soupe de graines de sésame

1 cuil. à soupe de graines de courge

25 cl de lait (ou de lait végétal)

1. **Mélangez** dans un saladier tous les ingrédients avec une cuillère en bois afin d'imprégner toute la préparation d'huile végétale et éventuellement de miel.

2. **Versez** la préparation dans un bocal, fermez bien et conservez dans un endroit sec. Pour servir, versez 40 g de muesli environ dans un bol et recouvrez de lait.

Le + Forme

Remplacez les flocons d'avoine et d'orge par du riz ou du blé soufflé. En respectant l'équilibre entre flocons, fruits secs et oléagineux, vous pouvez remplacer tous les ingrédients par vos favoris (noisettes, pistaches, noix du Brésil, figues ou pommes séchées...).

CHIA PUDDING
à la mangue

SANS GLUTEN · SANS LACTOSE · SPÉCIAL ANTI-ÂGE · SPÉCIAL VEGAN · INDEX GLYCÉMIQUE BAS

POUR 1 GRAND BOL OU 2 PETITES VERRINES / PRÉPARATION : 2 MIN / REPOS : 4 H À 1 NUIT

INGRÉDIENTS : 25 g de graines de chia • 25 cl de lait de coco • 50 g de mangue fraîche (ou surgelée) • 1 cuil. à soupe de jus de citron vert • 1 cuil. à soupe ou + de sirop d'érable, d'agave, de miel ou sucre de coco (facultatif)

1. **Mélangez** les graines de chia dans un bol avec le lait. Laissez gonfler au moins 4 heures, idéalement toute la nuit. Si vous utilisez de la mangue surgelée, faites décongeler la quantité dont vous avez besoin.

2. **Mixez** la mangue et le jus de citron jusqu'à obtenir un coulis, ajoutez, si vous le souhaitez, du sirop d'érable ou du sucre de coco.

3. **Versez** le coulis sur le pudding de chia et servez bien frais.

Le + Forme

Vous pouvez remplacer la mangue par des fruits rouges ou un coulis au thé matcha, également très bien pourvus en antioxydants.

PORRIDGE
sarrasin, dattes et amandes

SANS GLUTEN · SANS LACTOSE · SPÉCIAL ANTI-ÂGE · SPÉCIAL VEGAN · INDEX GLYCÉMIQUE BAS

POUR 1 BOL / PRÉPARATION : 5 MIN / REPOS : 1 NUIT

INGRÉDIENTS : 50 g de sarrasin décortiqué cru • 10 cl de lait d'amande • 25 g de dattes séchées dénoyautées (ou ½ banane en rondelles) • 1 cuil. à soupe de noisettes • 2 cuil. à café de graines de chia pour épaissir le mélange (facultatif) • Toppings au choix (fruits secs, granola, pépites de chocolat, fruits frais...)

1. **Versez** les graines de sarrasin dans un bol et recouvrez d'eau (20 cl environ), puis laissez tremper toute la nuit

2. **Égouttez** les graines de sarrasin et rincez-les bien. Versez le sarrasin, le lait, les dattes, les graines de chia et les noisettes dans le bol d'un robot et mixez jusqu'à ce que le mélange soit homogène. Puis laissez reposer quelques minutes pour que les graines de chia gonflent.

3. **Versez** le porridge dans un bol et ajoutez les toppings de votre choix.

Le + Forme

Idéal avant d'aller faire du sport, ce porridge est particulièrement digeste. Vous pouvez y ajoutez une pomme râpée pour un supplément de vitamines.

GRANOLA
quinoa

SANS LACTOSE · SPÉCIAL VEGAN · INDEX GLYCÉMIQUE BAS

POUR 300 G DE GRANOLA ENVIRON
PRÉPARATION : 10 MIN
CUISSON : 50 MIN À 1 H

INGRÉDIENTS

- 100 g de flocons d'avoine
- 85 g de quinoa
- 35 g de noisettes
- 35 g d'amandes
- 30 g de noix de pécan
- 30 g de raisins secs
- 3 cuil. à soupe d'huile de coco
- 3 cuil. à soupe de miel ou sirop d'agave
- 1 cuil. à café de cannelle
- 1 pincée de sel
- 20 g de graines de courge
- Noix de coco râpée, pépites de chocolat... (facultatif)

1. Versez les noisettes, les noix de pécan et les amandes, dans le bol d'un robot et mixez quelques secondes afin qu'elles soient hachées (et non en poudre). Préchauffez le four à 110 °C (th. 3-4).

2. Mettez tous les ingrédients, sauf les raisins, dans un saladier et mélangez le tout avec une spatule. Étalez ensuite cette préparation sur la plaque recouverte de papier sulfurisé et mettez-la au four.

3. Faites cuire le granola en le surveillant bien et en mélangeant toutes les 10 minutes jusqu'à l'obtention de la coloration désirée (50 minutes à 1 heure selon les fours).

4. Laissez refroidir, ajoutez les raisins secs (et éventuellement la noix de coco râpée, les pépites de chocolat...) et mélangez à nouveau.

Le + Forme

Pour un bol sans gluten, remplacez les flocons d'avoine par des flocons de sarrasin ou de quinoa.

GRANOLA

GLUTEN FREE porridge

SANS GLUTEN · SANS LACTOSE · SPÉCIAL VEGAN · INDEX GLYCÉMIQUE BAS

POUR 1 BOL
PRÉPARATION : 10 MIN
REPOS : 1 NUIT

INGRÉDIENTS

- 50 g de sarrasin décortiqué cru
- 10 cl de lait d'amande ou de coco
- 20 g de noisettes hachées
- 1 cuil. à soupe de sirop d'agave ou de miel
- 1 cuil. à café de noix de coco râpée
- 1 cuil. à soupe de purée d'amandes

1. **Versez** les graines de sarrasin dans un bol et recouvrez-les d'eau (20 cl environ). Laissez tremper toute la nuit.

2. **Égouttez** les graines de sarrasin et rincez-les bien. Versez le sarrasin, le lait, la purée d'amandes et le sirop d'agave dans un robot (ou un blender) et mixez.

3. **Versez** le porridge dans un bol et ajoutez les noisettes et la noix de coco.

Le + Forme

Préparez une purée d'amandes simplement en mixant des amandes émondées avec un robot. Pour cette recette, vous pouvez remplacer les noisettes par des amandes ou des noix de cajou.

BOWL brésilien

SANS GLUTEN · SANS LACTOSE · SPÉCIAL ANTI-ÂGE · SPÉCIAL VEGAN · INDEX GLYCÉMIQUE BAS · SUPER ALIMENT · SPÉCIAL DÉTOX

POUR 1 BOL / PRÉPARATION : 5 MIN

INGRÉDIENTS : 1 banane • 1 cuil. à soupe de fruits rouges de votre choix • 100 g de pulpe de baies d'açai • 3 cuil. à soupe de lait d'amande, de soja ou de noix de coco • 2 cuil. à soupe de granola sans gluten • 2 ou 3 feuilles de menthe fraîche

1. Lavez les fruits rouges et les feuilles de menthe, coupez la banane en rondelles.

2. Dans un robot, versez l'açai, la banane et le lait, mixez jusqu'à l'obtention d'un mélange mousseux.

3. Versez le smoothie dans un bol, disposez le granola, les fruits rouges et les feuilles de menthe.

Le + Forme

Vous pouvez remplacer le lait végétal par un yaourt au soja ou au lait de coco.

SUPERFOOD
smoothie bowl

SANS GLUTEN · SANS LACTOSE · SPÉCIAL ANTI-ÂGE · SPÉCIAL VEGAN · INDEX GLYCÉMIQUE BAS · SUPER ALIMENT · SPÉCIAL DÉTOX · SUPER DIGESTE

POUR 1 BOL / PRÉPARATION : 5 MIN

INGRÉDIENTS : 1 avocat bien mûr • 1 brugnon • 1 feuille de chou kale • Le jus de ½ citron • 1 cuil. à soupe de miel ou de sirop d'agave • 1 cuil. à café de noix du Brésil

1. **Épluchez et coupez** en morceaux l'avocat et le brugnon. Pressez le citron et concassez les noix du Brésil.

2. **Dans un robot,** mélangez l'avocat, le brugnon, le chou kale, le jus de citron et le miel jusqu'à l'obtention d'un mélange mousseux.

3. **Versez** le smoothie dans un bol et parsemez les noix du Brésil.

Le + Forme

Ajoutez 1 cuillerée à café de spiruline (microalgue intervenant comme complément alimentaire naturel) au smoothie pour ses valeurs nutritives (caroténoïdes, fer, protéines).

SMOOTHIE
myrtilles-banane-coco

SANS LACTOSE · SPÉCIAL ANTI-ÂGE · SPÉCIAL VEGAN · INDEX GLYCÉMIQUE BAS · SUPER ALIMENT · SPÉCIAL DÉTOX

POUR 1 BOL
PRÉPARATION : 5 MIN
CONGÉLATION : 1 NUIT

INGRÉDIENTS

2 poignées de myrtilles
1 banane
12 cl de lait de coco
3 cuil. à soupe de flocons d'avoine
1 cuil. à soupe de graines de chia
1 cuil. à café de poudre de coco
1 cuil. à café de noix de cajou ou amandes
1 filet de sirop d'agave (facultatif)

1. La veille, disposez sur une assiette les myrtilles et la banane coupée en rondelles, mettez-les au congélateur pour la nuit.

2. Versez dans un robot (ou un blender) les fruits congelés, le lait de coco, les flocons d'avoine, les graines de chia et la poudre de coco. Mixez jusqu'à ce que le mélange soit mousseux, goûtez et ajoutez éventuellement un peu de sirop d'agave.

3. Versez le smoothie dans un bol. Disposez les noix de cajou ou les amandes selon votre choix.

Le + Forme

Un smoothie riche en fibres. Pour une version sans gluten, utilisez des flocons d'avoine « garantis sans gluten ».

SMOOTHIE BOWL
pêche et mangue

SANS LACTOSE · SPÉCIAL ANTI-ÂGE · SPÉCIAL VEGAN · INDEX GLYCÉMIQUE BAS · SUPER ALIMENT · SPÉCIAL DÉTOX · SUPER DIGESTE

POUR 1 BOL
PRÉPARATION : 5 MIN

INGRÉDIENTS

1 pêche bien mûre
100 g de mangue surgelée
3 cuil. à soupe de flocons d'avoine
20 cl de lait de coco
4 ou 5 noix de pécan
1 cuil. à café de graines de chia

1. **Épluchez et coupez** la pêche en morceaux. Réservez quelques tranches de mangue pour le décor. Mixez les fruits, les flocons d'avoine, les graines de chia et le lait de coco dans un robot (ou un blender).

2. **Versez** le smoothie dans un bol, disposez les noix de pécan et les tranches de mangue.

Le + Forme

Vous pouvez remplacer les noix de pécan par des graines (lin, tournesol, sésame) ou des fruits secs (amandes, noisettes, noix de cajou).

SMOOTHIE BOWL
glacé

SANS LACTOSE · SPÉCIAL ANTI-ÂGE · SPÉCIAL VEGAN · INDEX GLYCÉMIQUE BAS · SUPER ALIMENT · SPÉCIAL DÉTOX · SUPER DIGESTE

POUR 1 BOL / PRÉPARATION : 5 MIN / CONGÉLATION : 1 NUIT

INGRÉDIENTS : 2 bananes • 50 g de cassis surgelé • 50 g de myrtilles surgelées • 50 g de granola • le jus de 1 orange • 30 cl de lait d'amande • 1 cuil. à soupe de baies de goji

1. **Coupez** les bananes en rondelles, disposez-les sur une assiette et mettez-les au congélateur toute la nuit.

2. **Versez** dans un robot (ou un blender) tous les fruits congelés, le lait d'amande, le jus d'orange et mixez jusqu'à ce que le mélange soit mousseux.

3. **Versez** dans un bol et disposez le granola et les baies de goji.

Le + Forme

Faites le plein de super aliments : cassis, myrtilles et baies de goji vous apportent des antioxydants en quantité particulièrement élevée.

CÉRÉALES
de cookies

SANS LACTOSE · SPÉCIAL VEGAN · INDEX GLYCÉMIQUE BAS · SUPER ALIMENT

POUR 800 G DE CÉRÉALES / PRÉPARATION : 10 MIN / CUISSON : 15 À 20 MIN

INGRÉDIENTS : 450 g de noisettes • 350 g de flocons d'avoine • 75 g de pépites de chocolat noir • 75 g de miel • 50 g d'amandes • 30 g de sarrasin grillé

1. Préchauffez le four à 170 °C (th. 5-6). Versez 400 g de noisettes dans un robot et mixez jusqu'à obtenir la consistance d'une pâte.

2. Mélangez la purée de noisettes, les flocons d'avoine et le miel, jusqu'à obtenir une consistance homogène. Ajoutez le sarrasin, les amandes et le reste des noisettes, puis mélangez avec les doigts.

3. Disposez sur du papier sulfurisé et enfournez pour 15 à 20 minutes. Remuez une ou plusieurs fois pendant la cuisson afin que toutes les céréales soient bien grillées.

4. Laissez refroidir les céréales, ajoutez des pépites de chocolat et conservez dans une boîte fermée.

Le + Forme

Un mélange ultra riche en vitamine E (antivieillissement) grâce à la présence des noisettes.

SCONES AUX RAISINS
et aux abricots secs

SANS GLUTEN ○ SPÉCIAL ANTI-ÂGE ○ SPÉCIAL VEGAN ○ INDEX GLYCÉMIQUE BAS ○○ SUPER DIGESTE

POUR 4 PERSONNES
PRÉPARATION : 25 MIN
CUISSON : 15 MIN

INGRÉDIENTS

90 g de farine de riz
80 g d'amidon de maïs
1 jaune d'œuf
70 g de beurre mou
50 g de sucre roux
4 cl de lait
1 sachet de sucre vanillé
1 sachet de levure sans gluten
30 g de raisins secs
30 g d'abricots secs
½ citron bio
Sel

1. Préchauffez le four à 150 °C (th. 5). Lavez le citron et râpez sa peau pour obtenir une bonne pincée de zeste. Versez la farine de riz et l'amidon de maïs dans un saladier, avec la levure sans gluten, le sucre roux, le sucre vanillé et une pincée de sel. Mélangez.

2. Ajoutez le beurre mou coupé en dés et travaillez le mélange à la fourchette. Liez avec 3 cl de lait, ajoutez les fruits secs et le zeste de citron. Formez rapidement une boule, sans trop travailler la pâte. Étalez la pâte à la main, sur une feuille de papier sulfurisé, sur une épaisseur de 1,5 cm environ. Découpez-la avec un emporte-pièce de 6 cm de diamètre.

3. Disposez les scones sur une plaque à pâtisserie. Délayez le jaune d'œuf dans 1 cl de lait. Badigeonnez les scones de ce mélange. Faites cuire au four pendant 15 minutes environ. Dégustez tiède avec de la confiture, du beurre ou de la crème aigre.

Le + Forme

Pour un plus en fibres, utilisez de la farine de riz complète, et remplacez les raisins par 40 g de figues sèches finement hachées.

PANCAKES VEGAN
mangue et menthe

SANS LACTOSE · SPÉCIAL VEGAN · INDEX GLYCÉMIQUE BAS · SUPER ALIMENT · SUPER DIGESTE

POUR 8 PANCAKES

PRÉPARATION : 15 MIN

CUISSON : 15 MIN

INGRÉDIENTS

125 g de farine de blé biologique (T 65)

10 cl de lait végétal (riz ou avoine) biologique

40 g de sucre cassonade

80 g de crème de coco

1 banane bien mûre

1 mangue

2 cuil. à café de pâte de sésame (tahini)

½ cuil. à café de bicarbonate alimentaire

Quelques feuilles de menthe fraîche

1 cl d'huile de pépins de raisin

Huile pour la poêle

1. Préchauffez une poêle sur feu moyen (th. 5-6). Dans un blender, mixez le lait avec la banane. Dans un saladier, mélangez le lait à la banane, l'huile de pépins de raisin, la crème de coco et le tahini délicatement à l'aide d'un fouet. Ajoutez la farine, le sucre et le bicarbonate, et fouettez jusqu'à l'obtention d'une pâte lisse.

2. Huilez une poêle et versez la pâte à l'aide d'une louche pour former des pancakes de 10 cm de diamètre. Lorsque vous apercevez des bulles à la surface des pancakes, retournez-les à l'aide d'une spatule pour dorer l'autre face pendant encore quelques minutes.

3. Découpez la mangue en lamelles. Ciselez les feuilles de menthe lavées préalablement. Montez la pile de pancakes dans une assiette. Disposez les lamelles de mangue et saupoudrez de menthe fraîche.

Le + Forme

Vous êtes vegan et intolérant au gluten ? Remplacez la farine de blé par de la farine de riz. Optez pour du lait végétal sans gluten, comme le lait de riz, de soja, de noisette, d'amande, de châtaigne, de coco, de sarrasin ou de millet pour parfumer les pancakes.

PANCAKES
banane-caramel

SANS GLUTEN · SANS LACTOSE · SPÉCIAL VEGGIE · SUPER ALIMENT · SUPER DIGESTE

POUR 8 PANCAKES / PRÉPARATION : 20 MIN / CUISSON : 15 MIN

INGRÉDIENTS : 125 g de farine de riz biologique • 2 œufs biologiques • 13,5 cl de lait de riz biologique • 30 g de sucre cassonade • 2 bananes, dont 1 mûre • 1 cl d'huile de pépins de raisin • Caramel liquide pour le dressage • Sucre glace pour le décor • Huile pour la poêle

1. Séparez le blanc des jaunes d'œufs dans deux saladiers.

2. Dans un blender, mixez le lait de riz avec 1 banane bien mûre. Versez ce lait sur les jaunes d'œufs, ajoutez l'huile de pépins de raisin et battez délicatement à l'aide d'un fouet. Ajoutez la farine de riz et le sucre, puis fouettez jusqu'à l'obtention d'une pâte lisse. Réservez.

3. Montez les blancs en neige à l'aide d'un fouet électrique et incorporez-les à la pâte à l'aide d'une maryse.

4. Préchauffez et huilez une poêle sur feu moyen (th. 5-6) et versez la pâte à l'aide d'une louche pour former des pancakes de 10 cm de diamètre. Lorsque vous apercevez des bulles à la surface des pancakes, retournez-les à l'aide d'une spatule pour dorer l'autre face pendant encore quelques minutes.

5. Découpez la banane restante en biseau. Montez une pile de pancakes dans une assiette. Disposez les tranches de banane au sommet et arrosez généreusement de caramel liquide. Saupoudrez le tout de sucre glace et servez !

Le + Forme

Remplacez le caramel par du sirop d'érable, plus riche en antioxydants qui protègent naturellement les tissus du vieillissement.

BARRES AUX CÉRÉALES, spécial petit déj'

SANS LACTOSE · SPÉCIAL ANTI-ÂGE · SPÉCIAL VEGGIE

POUR 12 BARRES ENVIRON / PRÉPARATION : 10 MIN / CUISSON : 25 MIN / REFROIDISSEMENT : 30 MIN

INGRÉDIENTS : 250 g de flocons d'épeautre • 100 g de noix de pécan grossièrement concassées • 50 g de purée de cacahuètes • 50 g de cerises séchées dénoyautées • 120 g de miel • 3 cuil. à soupe de sucre roux • 8 cl d'huile végétale

1. Préchauffez le four à 180 °C (th. 6). Dans une casserole, à feu moyen, faites fondre le sucre, le miel et la purée de cacahuètes dans l'huile, jusqu'à ce que le sucre soit complètement dissous.

2. Dans un saladier, mélangez les flocons d'épeautre, les noix de pécan et les cerises séchées, puis incorporez le sirop de sucre et remuez à nouveau.

3. Étalez la préparation sur une plaque recouverte de papier sulfurisé, sur 1 cm d'épaisseur environ, ou répartissez-la dans des moules de 7 × 2 × 3 cm. Enfournez pendant 20 minutes environ.

4. Coupez les barres en deux fois : une première fois quand elles sont encore chaudes sans les séparer ; puis une seconde fois quand elles sont quasiment froides. Si vous utilisez des moules, attendez que les barres soient complètement froides pour démouler.

Le + Forme

Consommez une barre au petit déjeuner ou juste avant de faire du sport.

COMPOTE
« bonne mine »

SANS GLUTEN · SANS LACTOSE · SPÉCIAL ANTI-ÂGE ○ SPÉCIAL VEGAN · INDEX GLYCÉMIQUE BAS ○ SPÉCIAL DÉTOX · SUPER DIGESTE

POUR 4 PERSONNES

PRÉPARATION : 10 MIN

CUISSON : 10 MIN

INGRÉDIENTS

3 grosses pommes (reinette, Canada grise ou Antarès)

1 mangue

1 orange

1 bâton de cannelle

½ gousse de vanille (ou ½ cuil. à café de vanille en poudre)

1. **Pelez et épépinez** les pommes, puis coupez-les en cubes de 1 cm de côté environ. Déposez-les dans un faitout.

2. **Pelez** la mangue et coupez-la en lamelles en tournant autour du noyau. Ajoutez-les aux morceaux de pommes, avec la cannelle et la gousse de vanille grattée (ou la vanille en poudre). Versez quelques cuillerées d'eau et mélangez. Couvrez et faites cuire 10 minutes à feu doux.

3. **Pressez** l'orange et ajoutez le jus en fin de cuisson. Laissez tiédir hors du feu. Retirez la cannelle et la gousse de vanille, puis mixez la compote. Réservez au frais avant de servir.

Le + Forme

Une compote 100 % fruits, sans sucre ajouté. Parfaite si vous surveillez votre poids ou que vous souhaitez limiter votre consommation de sucre.

FRUITS
au sirop épicé

POUR 6 PERSONNES / PRÉPARATION : 15 MIN / CUISSON : 10 MIN

INGRÉDIENTS : 4 oranges • 300 g de fraises • 30 g de sucre en poudre • épices à pain d'épice • 1 vingtaine de petites feuilles de menthe

1. **Pelez** les oranges à vif : enlevez l'écorce et le ziste (peau blanche intérieure). Prélevez ensuite les quartiers sans prendre les peaux qui les enveloppent, ne prélevez que la pulpe. Déposez les suprêmes d'orange ainsi obtenus en couronne sur le plat de service

2. **Versez** 3 cl d'eau, le sucre et les épices dans une petite casserole et portez à ébullition à feu vif. Baissez le feu puis laissez réduire le sirop 2 minutes. Filtrez-le à travers une passoire fine ou une mousseline. Versez le sirop filtré encore chaud sur les oranges.

3. **Lavez** et séchez les fraises, coupez-les en deux, puis disposez-les au centre des oranges sur le plat. Au moment de servir, recouvrez bien les fraises du sirop contenu dans l'assiette et parsemez les feuilles de menthe sur les fruits.

Le + Forme

L'orange et la fraise se classent parmi les fruits les plus légers en calories et les mieux pourvus en vitamine C. À consommer sans modération !

SOUPE
de fruits

SANS GLUTEN · SANS LACTOSE · SPÉCIAL ANTI-ÂGE · SPÉCIAL VEGAN · INDEX GLYCÉMIQUE BAS · SUPER ALIMENT · SPÉCIAL DÉTOX · SUPER DIGESTE

POUR 4 BOLS / PRÉPARATION : 5 MIN

INGRÉDIENTS : 1 petite mangue • ¼ d'ananas • 2 ou 3 tiges de menthe effeuillées • 2 fruits de la Passion

1. Pelez et coupez grossièrement la mangue et l'ananas. Découpez en petits cubes l'équivalent de 2 cuillerées à soupe de mangue et autant d'ananas. Réservez pour décorer.

2. Versez dans la cuve d'un blender ou d'un mixeur la mangue et l'ananas grossièrement coupés et 5 feuilles de menthe, puis faites tourner jusqu'à obtenir un mélange homogène et mousseux.

3. Découpez le sommet des fruits de la Passion, ajoutez la pulpe aux petits cubes de mangue et d'ananas. Mélangez bien. Répartissez la pulpe de fruits dans des bols et décorez avec les cubes de fruits et quelques feuilles de menthe.

Le + Forme

Les fruits crus contiennent toutes leurs vitamines, mais il est impératif de consommer votre soupe dès qu'elle est prête pour éviter leur destruction au contact de l'oxygène de l'air.

ŒUFS COQUES
aux mouillettes tomates-chèvre

SPÉCIAL ANTI-ÂGE · SPÉCIAL VEGGIE · INDEX GLYCÉMIQUE BAS · SUPER DIGESTE

POUR 4 PERSONNES

PRÉPARATION : 15 MIN

CUISSON : 10 MIN

INGRÉDIENTS

4 œufs

8 pétales de tomates séchées (en bocal conservées à l'huile)

2 cuil. à soupe de chèvre frais (type Petit Billy® ou Chavroux®)

4 tranches de pain au levain bio

1 cuil. à soupe de basilic ciselé

2 cuil. à soupe d'huile (prélevées du bocal de tomates)

Sel et poivre du moulin

1. **Mixez** les tomates séchées, l'huile, le basilic, le fromage de chèvre, du sel et du poivre. Réservez le tout au frais.

2. **Plongez** les œufs dans une casserole d'eau froide, portez à ébullition et comptez 3 minutes de cuisson. Sortez les œufs de l'eau à l'aide d'une écumoire. Posez chaque œuf sur un coquetier.

3. **Faites griller** les tranches de pain, puis tartinez-les de la préparation tomates-fromage. Coupez chaque tranche en « mouillettes » de 1 cm de large environ. Coupez le « chapeau » de chaque œuf coque et éliminez les éclats de coquille autour du blanc.

4. **Servez** l'œuf coque sur une assiette, accompagné de quelques mouillettes.

Le + Forme

Salez peu le mélange tomate-chèvre, car les ingrédients sont déjà riches en sel. Vous pouvez ajoutez un pointe de piment, excellente source d'antioxydants.

PETITS FLANS
à la tomate

SANS GLUTEN • SPÉCIAL ANTI-ÂGE • SPÉCIAL VEGGIE • INDEX GLYCÉMIQUE BAS • SUPER DIGESTE

POUR 4 PERSONNES / PRÉPARATION : 15 MIN / CUISSON : 10 À 15 MIN

INGRÉDIENTS : 125 g de tomates cerises • 1 œuf entier + 1 jaune • 25 cl de lait demi-écrémé (ou de lait végétal) • 1 cuil. à soupe rase de fécule (Maïzena® ou arrow-root) • sel et poivre du moulin

1. **Fouettez** les œufs dans un saladier. Délayez la fécule avec un peu de lait et versez sur les œufs avec le reste de lait. Salez et poivrez.

2. **Versez** la préparation dans 4 petits ramequins. Déposez-y les tomates et mettez-les à cuire dans un cuit-vapeur pendant 10 à 15 minutes.

3. **Servez** chaud ou à température ambiante, selon vos goûts.

Le + Forme

Ajoutez 3 cuillerées à soupe de parmesan pour augmenter l'apport en protéines de vos flans.

YAOURTS AMANDE
et fleur d'oranger

SANS GLUTEN • SPÉCIAL VEGGIE • INDEX GLYCÉMIQUE BAS • SUPER DIGESTE

POUR 8 YAOURTS / PRÉPARATION : 15 MIN / RÉFRIGÉRATION : 3 H

INGRÉDIENTS : 1 yaourt nature ou 1 sachet de ferments lactiques • 80 cl de lait • 2 cuil. à soupe d'eau de fleur d'oranger • 1 cuil. à soupe bombée de purée d'amandes blanches (en magasin bio) • 2 à 6 cuil. à soupe de lait en poudre (facultatif)

1. Mélangez le yaourt et la purée d'amandes dans un saladier ou un pichet à bec verseur. Ajoutez peu à peu l'eau de fleur d'oranger, le lait à température ambiante et éventuellement le lait en poudre.

2. Mixez la préparation à l'aide d'un robot plongeant pour lui assurer une texture homogène. Versez la préparation dans les pots et faites prendre les yaourts en yaourtière.

3. Fermez les yaourts avec leur couvercle et mettez-les au frais pour au moins 3 heures avant de les déguster.

Le + Forme

Les yaourts vous apportent des ferments lactiques naturels qui équilibrent la flore intestinale.

GAUFRES AU POTIRON
et au gouda

SANS GLUTEN · SPÉCIAL VEGGIE · INDEX GLYCÉMIQUE BAS · SUPER DIGESTE

POUR 4 PERSONNES
PRÉPARATION : 15 MIN
CUISSON : 30 MIN

INGRÉDIENTS

150 g de purée de potiron surgelée nature
100 g d'amidon de maïs
100 g de farine de riz
3 petits œufs
80 g de gouda
20 cl de lait
1 sachet de levure sans gluten
1 pincée de curcuma
1 cuil. à soupe de sésame doré
1 cuil. à soupe d'huile de tournesol
Sel et poivre du moulin

1. **Faites décongeler** la purée de potiron dans une petite casserole, à feu doux, sans ajouter d'eau. Séparez les blancs d'œufs des jaunes. Râpez le gouda.

2. **Versez** la farine de riz et l'amidon de maïs, la levure, une pincée de sel, du poivre et le curcuma dans un saladier. Mélangez, puis ajoutez les jaunes d'œufs, le lait et la purée de potiron. Lissez au fouet, puis ajoutez le sésame et le gouda.

3. **Faites chauffer** l'appareil à gaufres. Montez les blancs d'œufs, additionnés d'une pincée de sel, en neige très ferme. Incorporez-les délicatement à la pâte à gaufres.

4. **Huilez** très légèrement l'appareil à gaufres, versez une louche de pâte et faites cuire 3 ou 4 minutes. Renouvelez l'opération jusqu'à épuisement de la pâte. Servez chaud avec des endives, par exemple.

Le + Forme

La farine de riz et l'amidon de maïs donnent une texture un peu sèche : le potiron va permettre d'éviter cet inconvénient, tout en apportant fibres et carotène.

SUPER DIGESTE

Comme des crudités…

Régalez-vous de salades de légumes cuits, plus digestes que celles de crudités. Haricots verts, betterave, asperges, courgettes, blancs de poireaux et aubergines sont délicieux consommés tièdes, avec une touche de vinaigre balsamique blanc et d'huile d'olive. Ajoutez du persil cru haché pour une petite touche vitaminée.

SPÉCIAL ANTI-ÂGE

Carpaccio végétaux

C'est l'entrée vitaminée par excellence ! Préparez vos carpaccios au dernier moment pour éviter l'oxydation de la vitamine C, et servez bien frais. Tranchez finement pomelo pelé à vif, melon, tomate, radis noir, betterave, mais aussi kiwi, fraise, pomme Granny. Assaisonnez de poivre de Sichuan, de piment, ou de poivre rose, d'un filet d'huile de noix et d'une pincée de fleur de sel.

SPÉCIAL VEGAN

Mes petites tartinades

En entrée ou à l'apéro, les tartinades véganes sont gourmandes et concentrées en micronutriments utiles. Laissez parler votre imagination :

- algues fraîches hachées, avocat, sésame, citron ;
- aubergine grillée et mixée, coriandre, huile d'olive, citron ;
- pois chiches, ail, oignon, roquette ;
- purée de carotte, cumin, tofu fumé ;
- betterave mixée, yaourt au soja, olive verte et cerfeuil ;

SANS GLUTEN

Apéro zéro gluten

Si vous traquez le gluten, comme pratiquement tous les biscuits salés en contiennent, il est impératif de préparer un apéritif maison :

- des bâtonnets de légumes, sauce fromage blanc et herbes fraîches ;
- de l'houmous, guacamole et tapenade maison, accompagnés de toasts de pain sans gluten ;
- des dés de comté, chiffonnade de serrano, billes de mozzarella ;
- des mini-soupes maison chaudes et froides en verrines ;
- des sablés maison au fromage (fait avec de la farine de riz) ou des tuiles de parmesan (voir p. 90).

SANS LACTOSE

Tofu contre féta

Dans les salades, remplacez la féta, le chèvre et la mozzarella par des petits dés de tofu ferme. À faire mariner quelques minutes dans un mélange sauce soja-huile de sésame ou jus de citron et curry, pour lui donner davantage de goût.

Entrées & apéros

SPÉCIAL DÉTOX

Grignotage détox

À prendre 30 min avant le repas, comme un apéro santé, pour nettoyer le système digestif et hépatique : 10 radis roses et un petit morceau de radis noir découpé en bâtonnet.

INDEX GLYCÉMIQUE BAS

Les légumineuses en entrée, il faut y penser !

Championnes de l'IG le plus bas, les légumineuses sont parfaites en entrée, qu'il s'agisse de salade (lentilles, haricots rouges, pois chiches associés à des crudités) ou de soupe (lentilles corail au curry, lentilles vertes aux petits lardons, pois cassés au romarin...).

SUPER ALIMENT

Boostez vos invités

Avec des sablés salés au thé matcha à grignoter à l'apéro ! À faire vous-même en quelques minutes : mélangez farine de riz (100 g), margarine riche en omégas 3 (50 g), thé matcha (2 cuil. à café), sel et pistache hachée (50 g). Cuisez 10 min au four, après avoir découpé en petits sablés.

SPÉCIAL VEGGIE

Devenez chèvre !

La tentation est grande de proposer du fromage à l'apéritif. Le chèvre, avec ses lipides équilibrés (source d'Oméga 3), s'impose :

- brochettes de chèvre, abricots secs, piment d'Espelette ;
- chèvre frais à tartiner, agrémenté de cranberries et dés de pomme Granny ;
- toasts gratinés de chèvre cendré, morceaux de figue et basilic ;
- mini soupe de courgette, roquette et faisselle de chèvre.

MÉLANGE SALÉ
pour apéro maison

SANS GLUTEN · SANS LACTOSE · SPÉCIAL ANTI-ÂGE · SPÉCIAL VEGAN · INDEX GLYCÉMIQUE BAS

POUR 15 PERSONNES
PRÉPARATION : 10 MIN
CUISSON : 12 MIN
CONSERVATION :
1 SEMAINE DANS UN BOCAL HERMÉTIQUE

INGRÉDIENTS

- 200 g de graines de courge
- 200 g de noix de pécan
- 200 g d'amandes entières émondées
- 200 g de noisettes entières émondées
- 200 g de pistaches nature
- 250 g de cranberries séchées
- ½ cuil. à. cuil. de graines de piment séchées (ou piment doux) (facultatif)
- 1 cuil. à soupe d'herbes de Provence séchées (ou origan)
- 1 cuil. à soupe de sucre roux
- 1 cuil. à soupe d'huile d'olive
- 1 ½ cuil. à café de sel
- 4 tours de poivre du moulin

1. Préchauffez le four à 180 °C (th. 6). Dans un bol, mélangez les graines de piment, le sucre, le sel, le poivre et les herbes séchées.

2. Dans un sac en plastique, réunissez la moitié du mélange contenu dans le bol avec tous les autres ingrédients, à l'exception des cranberries. Secouez le sac afin de bien mélanger.

3. Versez la préparation sur une plaque à pâtisserie. Enfournez pour 12 minutes, jusqu'à ce que les fruits secs soient dorés. N'hésitez pas à les mélanger une ou deux fois pendant la cuisson. Sortez la plaque, ajoutez les cranberries et le reste des herbes séchées, puis remuez et laissez refroidir.

4. À l'heure de l'apéritif, répartissez le mélange dans des bols et servez.

Le + Forme

Limitez-vous à une petite poignée (25 - 30 g) de ce mélange pour l'apéritif, car même s'il est riche en nutriments utiles à votre santé, il est calorique !

MOUSSES D'AVOCAT
au citron vert

SANS GLUTEN • SPÉCIAL ANTI-ÂGE • SPÉCIAL VEGGIE • INDEX GLYCÉMIQUE BAS • SUPER ALIMENT • SUPER DIGESTE

POUR 4 PERSONNES

PRÉPARATION : 15 MIN

CUISSON : 5 MIN

REPOS : 15 MIN

INGRÉDIENTS

2 avocats bien mûrs

Le jus de 1 citron vert

200 g de fromage blanc à 20 % de MG

1 gousse d'ail

1 petit oignon blanc

3 tiges de menthe

1 sachet d'agar-agar (3 g)

1 cuil. à soupe d'huile d'olive

Sel et poivre du moulin

1. Faites chauffer 4 cuillerées à soupe d'eau dans une petite casserole avec l'agar-agar. Portez à ébullition en remuant, puis laissez tiédir.

2. Hachez la menthe. Pelez les avocats et coupez-les en morceaux. Arrosez-les de jus de citron. Pelez l'ail et l'oignon.

3. Mixez finement l'ail, l'oignon, les avocats, l'huile d'olive et le fromage blanc. Le mélange doit devenir aéré. Salez, poivrez, ajoutez l'agar-agar dissous dans l'eau. Mélangez et versez dans 4 ramequins.

4. Placez au frais après avoir couvert de film étirable. Laissez reposer 15 minutes. Saupoudrez de menthe hachée et dégustez très frais.

Le + Forme

L'agar-agar n'apporte aucune calorie et permet d'obtenir une mousse aérée et qui se tient parfaitement.

CROQUANTS D'AVOINE,
sauce tomate-roquette

SANS LACTOSE · SPÉCIAL ANTI-ÂGE · SPÉCIAL VEGAN · INDEX GLYCÉMIQUE BAS · SUPER DIGESTE

POUR 6 PERSONNES
PRÉPARATION : 20 MIN
REPOS : 30 MIN
CUISSON : 10 MIN

INGRÉDIENTS

75 g de farine de blé T65 + un peu pour le plan de travail
75 g de farine de blé T80
1 poignée de roquette
40 g de margarine pour cuisson
2 cuil. à soupe de flocons d'avoine
1 cuil. à café d'herbes de Provence
1 pincée de sel

Pour la sauce aux tomates séchées :

250 g de pulpe de tomates fraîches
5 pétales de tomates séchées
1 cuil. à café de basilic ciselé
1 cuil. à soupe de vinaigre de Xérès
1 cuil. à soupe d'huile d'olive
1 pincée de piment d'Espelette (ou de poivre)

1. Préparez la sauce aux tomates séchées : mixez tous les ingrédients, puis réservez à température ambiante.

2. Préparez la pâte. Versez dans un saladier les farines avec le sel, puis déposez au centre la margarine et 4 cuillerées à soupe d'eau. Commencez à mélanger avec les doigts, puis ajoutez les flocons d'avoine et les herbes de Provence, et continuez à pétrir. Formez une boule de pâte ferme et laissez reposer 30 minutes.

3. Préchauffez le four à 180 °C (th. 6). Étalez la pâte sur un plan de travail fariné et découpez-y des cercles de 6 à 8 cm de diamètre. Disposez-les sur une plaque de cuisson recouverte de papier sulfurisé et enfournez pour 10 minutes environ, jusqu'à légère coloration.

4. À la sortie du four, déposez sur chaque croquant un peu de sauce aux tomates séchées et quelques feuilles de roquette. Présentez tous les croquants sur un plat de service, au centre de la table.

Le + Forme

Pour une version sans gluten, remplacez les farines de blé par la même quantité de farine de riz complet, et les flocons d'avoine par des flocons de soja toastés.

VERRINES TRICOLORES
au boulgour

SPÉCIAL ANTI-ÂGE • SPÉCIAL VEGGIE • INDEX GLYCÉMIQUE BAS • SUPER ALIMENT • SPÉCIAL DÉTOX • SUPER DIGESTE

POUR 8 VERRINES / PRÉPARATION : 15 MIN / CUISSON : 15 MIN ENVIRON

INGRÉDIENTS : 1 petit melon (ou ½ gros melon) • 200 g de tomates cerises • 80 g de billes de mozzarella • 80 g de boulgour cru • **Pour la sauce :** 2 cuil. à soupe d'huile d'olive • 1 cuil. à soupe de menthe ciselée • 1 cuil. à soupe de vinaigre de framboise • sel et poivre du moulin

1. Faites cuire le boulgour selon les indications portées sur le paquet. À l'aide d'une cuillère parisienne, prélevez la chair du melon en billes. Mélangez-les dans un saladier avec les billes de mozzarella et les tomates cerises.

2. Dans un bol, préparez la sauce en mélangeant l'huile d'olive, le vinaigre et la menthe ciselée. Salez et poivrez.

3. Égouttez le boulgour cuit et attendez qu'il soit tiède avant de l'ajouter dans le saladier, ainsi que la sauce. Mélangez et réservez au frais. Répartissez dans des verrines au moment de servir.

Le + Forme

Pour une verrine vegan et sans lactose, remplacez les billes de mozzarella par de petits dés de tofu fumé.

ANTIPASTI
de légumes

SANS GLUTEN · SANS LACTOSE · SPÉCIAL ANTI-ÂGE · SPÉCIAL VEGAN · INDEX GLYCÉMIQUE BAS · SPÉCIAL DÉTOX

POUR 4 PERSONNES / PRÉPARATION : 25 MIN / CUISSON : 30 MIN

INGRÉDIENTS : 2 courgettes moyennes • 1 aubergine moyenne • 1 poivron rouge • 1 poivron vert • 1 cuil. à soupe d'huile d'olive + 1 filet pour la plaque • Sel et poivre du moulin • **Pour la sauce :** 1 cuil. à soupe de jus de citron • 1 poignée de feuilles de basilic ciselées • 1 pincée de piment d'Espelette • 1 filet de vinaigre balsamique • 3 cuil. à soupe d'huile d'olive • 1 pincée de sel

1. Préchauffez le four à 180 °C (th. 6). Préparez la sauce. Dans un bol, mélangez le jus de citron, le vinaigre et le sel. Émulsionnez avec l'huile d'olive, puis ajoutez le piment et le basilic. Réservez.

2. Lavez et essuyez l'aubergine, les courgettes et les poivrons. Coupez l'aubergine en fines rondelles. Coupez également les courgettes en rondelles. Ôtez le pédoncule des poivrons, puis coupez-les en deux et épépinez-les. Répartissez tous les légumes sur une plaque huilée au pinceau. Salez et poivrez, puis badigeonnez-les d'huile d'olive.

3. Enfournez les courgettes et l'aubergine pour 15 minutes, en retournant les rondelles à mi-cuisson, et comptez 30 minutes pour les poivrons.

4. Déposez les poivrons dans un saladier, puis couvrez. Lorsqu'ils sont tièdes, éliminez leur peau et coupez-les en grosses lanières. Servez les légumes grillés tièdes ou frais, arrosés de sauce.

Le + Forme

Une entrée riche en fibres et très digeste, à condition de limiter la quantité d'huile.

MOUSSE DE RICOTTA
aux légumes sur blinis

SANS GLUTEN ○ SPÉCIAL ANTI-ÂGE · SPÉCIAL VEGGIE ○ INDEX GLYCÉMIQUE BAS ○○○

POUR 15 BLINIS
PRÉPARATION : 20 MIN
CUISSON : 4 MIN

INGRÉDIENTS

250 g d'un mélange de légumes grillés surgelés (aubergine, poivron, courgette)

250 g de ricotta

1 cuil. à soupe de basilic ciselé

2 pincées de piment d'Espelette (ou de Cayenne)

Sel et poivre du moulin

Pour les blinis :

100 g de farine de sarrasin (blé noir)

1 œuf entier + 2 blancs

13 cl de lait demi-écrémé (ou végétal)

2 cuil. à café de graines de lin

1 cuil. à soupe d'huile pour la poêle

2 pincées de sel

1. **Préparez** les blinis. Dans un saladier, mélangez au fouet la farine tamisée avec l'œuf entier. Réduisez les graines de lin en poudre et ajoutez-les dans la pâte. Incorporez ensuite le lait, puis une pincée de sel. Réservez. Montez les blancs en neige ferme avec une pincée de sel. Incorporez-les délicatement à la pâte.

2. **Huilez** légèrement au pinceau le fond d'une poêle à blinis (ou, à défaut, une grande poêle dans laquelle vous pourrez faire cuire plusieurs blinis en même temps) et chauffez-la à feu doux. Versez-y 1 cuillerée de la pâte à blinis et faites cuire 2 minutes de chaque côté. Procédez de même avec le reste de pâte. Laissez tiédir les blinis.

3. **Préparez** la mousse. Mélangez la ricotta avec le basilic, le piment, du sel et du poivre du moulin. Faites dégeler et coupez les légumes grillés en tout petits dés ; mélangez-les à la ricotta.

4. **Quand les blinis sont tièdes,** étalez 1 cuillerée de mousse à la ricotta sur chacun d'eux et disposez-les sur une grande assiette de service.

Le + Forme

Vérifiez dans la composition que les légumes grillés surgelés sont pauvres en matières grasses (moins de 2 g de lipides pour 100 g), pour ne pas alourdir la préparation.

HOUMOUS ET CHIPS
au cumin

SANS GLUTEN · SANS LACTOSE · SPÉCIAL VEGAN · INDEX GLYCÉMIQUE BAS · SUPER DIGESTE

POUR 6 PERSONNES
PRÉPARATION : 20 MIN
CUISSON : 15 MIN

INGRÉDIENTS

Pour le houmous :

1 gousse d'ail haché
Le jus de ½ citron
125 g de pois chiches en boîte
1 cuil. à soupe de purée de sésame (tahini)
1 cuil. à soupe d'huile d'olive
1 cuil. à café de graines de cumin
1 pincée de sel

Pour les chips au cumin :

80 g de farine de pois chiche
20 g de farine de riz complet
1 cuil. à café de graines de cumin
Huile pour la cuisson
1 pincée de sel

1. **Préparez les chips** : dans un saladier, mélangez les farines, le sel et le cumin, et faites un creux au centre. Versez 15 cl d'eau et mélangez jusqu'à l'obtention d'une pâte onctueuse liquide.

2. **Faites chauffer** à feu moyen une poêle à blinis légèrement huilée au pinceau et versez une fine couche de pâte. Retournez quand les bords commencent à se décoller. Laissez cuire suffisamment pour obtenir une texture croquante de chips. Recommencez jusqu'à épuisement de la pâte.

3. **Préparez le houmous** : mixez tous les ingrédients et réservez au frais. Servez les chips avec le houmous.

Le + Forme

Cette recette sans gluten est source de protéines végétales. Huilez très légèrement la poêle, sinon, les chips deviennent grasses et indigestes.

ROULEAUX
d'été

SANS GLUTEN · SANS LACTOSE · SPÉCIAL ANTI-ÂGE · INDEX GLYCÉMIQUE BAS

POUR 15 PERSONNES / PRÉPARATION : 25 MIN / CUISSON : 4 MIN

INGRÉDIENTS : 4 courgettes • 2 aubergines • 2 carottes • 2 radis noirs • 2 avocats • 400 g de chair de crabe royal • 200 g de saumon Balik • 1 concombre • 1 fenouil • ½ botte de thym • 2 cl d'huile d'olive • piment d'Espelette selon votre goût • sel et poivre du moulin

1. Lavez les légumes. Épluchez les carottes et les radis. Taillez les aubergines, les courgettes et les carottes en fines lamelles. Coupez le concombre et le fenouil en petits bâtonnets. Assaisonnez les lamelles d'aubergine et de courgette avec du thym, du sel et du poivre, et faites-les griller légèrement.

2. Faites cuire à l'eau bouillante pendant 4 minutes les lamelles de carotte et de radis noir, puis refroidissez-les à l'eau glacée. Épongez-les.

3. Superposez les lamelles de carotte sur une longueur de 4 cm. Garnissez avec le saumon fumé et les avocats coupés en bâtonnets. Formez des rouleaux. Suivez le même procédé avec les lamelles de radis, courgette et aubergine.

4. Garnissez selon votre envie : saumon, chair de crabe, concombre, fenouil... Assaisonnez avec du poivre du moulin, du piment d'Espelette et de l'huile d'olive.

Le + Forme

Légers et sources de protéines, ces petits rouleaux rassasient sans alourdir. Vous pouvez accompagner d'une sauce au yaourt maigre aromatisé de menthe ciselée.

SALADE ACIDULÉE
aux graines de courge

SANS GLUTEN ○ SPÉCIAL ANTI-ÂGE · SPÉCIAL VEGGIE ○ INDEX GLYCÉMIQUE BAS ○ SPÉCIAL DÉTOX · SUPER DIGESTE

POUR 4 PERSONNES / PRÉPARATION : 15 MIN / CUISSON : 2 MIN

INGRÉDIENTS : 3 petites carottes en botte • 1 endive • 1 pomme rouge acidulée (type Antarès, Braeburn) • 2 cuil. à soupe de graines de pépins de courge • **Pour la sauce :** 1 yaourt nature • 1 cuil. à soupe de cerfeuil ciselé • 1 cuil. à café de moutarde à l'ancienne • 1 cuil. à soupe de vinaigre de cidre • 2 cuil. à soupe d'huile de pépins de courge (ou d'huile d'olive) • sel et poivre du moulin

1. Nettoyez, puis essuyez les carottes avec du papier absorbant. Râpez-les ensuite au-dessus d'un saladier. Coupez la base de l'endive et effeuillez-la. Émincez ses feuilles en lanières et ajoutez-les aux carottes râpées.

2. Lavez la pomme, essuyez-la avec du papier absorbant, puis coupez-la en deux, épépinez-la et taillez-la en fins bâtonnets (avec la peau). Ajoutez-les dans le saladier.

3. Poêlez à sec les graines de pépins de courge, à feu moyen, jusqu'à ce qu'elles éclatent un peu, puis réservez-les.

4. Préparez la sauce. Mélangez la moutarde et le yaourt dans un bol. Salez, poivrez, ajoutez le cerfeuil, versez le vinaigre et l'huile, puis mélangez. Versez la sauce dans le saladier, ajoutez les graines torréfiées, puis mélangez et répartissez dans des verrines.

Le + Forme

Les graines de courge sont riches en acides gras insaturés, qui favorisent l'équilibre du taux de cholestérol.

TOMATE-MOZZA
aux graines germées

SANS GLUTEN · SPÉCIAL ANTI-ÂGE · SPÉCIAL VEGGIE · INDEX GLYCÉMIQUE BAS · SUPER DIGESTE

POUR 4 PERSONNES
PRÉPARATION : 15 MIN
MARINADE : 30 MIN

INGRÉDIENTS

4 tomates allongées (roma)
160 g de mozzarella de bufflonne
1 barquette de graines germées (type alfalfa) (voir p. 30)
1 cuil. à soupe de jus de citron
1 gousse d'ail écrasée
2 cuil. à café de menthe ciselée
1 cuil. à soupe de basilic ciselé
1 cuil. à soupe de câpres (en bocal) égouttées
1 cuil. à café de vinaigre balsamique
4 cuil. à café d'huile d'olive
Sel et poivre du moulin

1. **Coupez** la mozzarella en fines tranches. Déposez-les dans un plat creux, ajoutez la moitié de l'huile d'olive, le jus de citron, le basilic et la moitié de la menthe. Laissez mariner 30 minutes au réfrigérateur.

2. **Lavez et essuyez** les tomates, puis coupez-les en deux dans la longueur et découpez-les en rondelles. Déposez-les dans un autre plat creux. Hachez les câpres, mettez-les dans un bol et ajoutez le vinaigre et l'ail. Émulsionnez avec le reste d'huile d'olive. Versez le tout sur les tomates et laissez également mariner 30 minutes au frais.

3. **Au moment de servir,** répartissez les rondelles de tomates et de mozzarella égouttées sur les assiettes, en les disposant en rosace. Posez une touffe de graines germées au centre. Salez et poivrez, arrosez du reste de marinade des deux plats et parsemez du reste de menthe.

Le + Forme

La mozzarella de bufflonne est plus grasse, donc plus calorique, que celle de vache. Pour alléger la recette vous pouvez la remplacer par de la mozzarella classique.

CHIPS
de pomme

SANS GLUTEN · SANS LACTOSE · SPÉCIAL VEGAN · SUPER DIGESTE

POUR UNE VINGTAINE DE CHIPS
PRÉPARATION : 10 MIN
CUISSON : 1 H 30

INGRÉDIENTS

2 belles pommes acidulées (type Antarès)

Le jus de 1 citron

1 cuil. à soupe de sucre glace

1. **Préchauffez** le four à 80 °C (th. 2-3).

2. **Éliminez** le cœur des pommes à l'aide d'un vide-pomme, puis découpez les fruits en tranches de 2 à 3 mm d'épaisseur. Versez le jus de citron dans un petit récipient et trempez-y les tranches de pommes pour éviter qu'elles ne noircissent à la cuisson.

3. **Disposez** les tranches sur une plaque de four recouverte de papier sulfurisé, en les espaçant légèrement. Saupoudrez-les régulièrement de sucre glace. Laissez fondre le sucre quelques instants, puis enfournez pour 1 h 30.

4. **Laissez** refroidir avant de servir : les chips doivent devenir cassantes. Vous pouvez les conserver plusieurs jours dans une boîte hermétique.

Le + Forme

Ces chips légères sont parfaites pour l'apéritif des enfants : sources de fibres, elles ne contiennent aucune matière grasse.

TUILES PARMESAN
au pavot, purée de fèves

SANS GLUTEN · SPÉCIAL VEGGIE · INDEX GLYCÉMIQUE BAS

POUR 40 BISCUITS
PRÉPARATION : 35 MIN
CUISSON : 10 MIN

INGRÉDIENTS

100 g de parmesan râpé
4 cuil. à soupe rases de fécule de maïs
2 cuil. à soupe rases de pavot bleu
Poivre

Pour la purée de fèves :

150 g de fèves égrenées
1 brin de menthe
1 gousse d'ail
1 cuil. à soupe d'huile d'olive
Sel et poivre du moulin

1. **Faites cuire** les fèves 5 minutes à l'eau bouillante salée. Égouttez-les, puis éliminez la pellicule qui les entoure. Versez-les dans le bol d'un mixeur. Ajoutez la gousse d'ail pelée, les feuilles de menthe rincées et épongées, du sel, du poivre et l'huile d'olive. Mixez pour obtenir une sauce consistante et lisse.

2. **Préchauffez** le four à 180 °C (th. 6). Versez dans un bol le parmesan, la fécule, les graines de pavot et du poivre. Mélangez, puis formez de petits tas sur une plaque à pâtisserie recouverte de papier sulfurisé. Aplatissez-les avec le dos d'une spatule, en pressant légèrement.

3. **Faites cuire** 5 minutes à four chaud en surveillant : les tuiles doivent dorer sur le pourtour. Disposez-les encore chaudes sur un rouleau à pâtisserie pour leur donner une forme recourbée. Servez-les tièdes ou froides avec la purée de fèves.

Le + Forme

La fève est une excellente source de protéines, de fibres et d'antioxydants. N'hésitez pas à en consommer régulièrement, car c'est aussi la plus digeste des légumineuses.

SANS GLUTEN

Petits pains express

Pour les en-cas, les sandwichs ou pour faire des tartines qui accompagnent une soupe, préparez des petits pains inratables. Mélangez 150 g de farine de riz semi complète, 15 cl d'eau, 3 cuil. à soupe d'huile d'olive, 3 cuil. à soupe de graines de votre choix (pavot, sésame, tournesol, lin...), du sel et un sachet de levure chimique. Disposez des petits tas de pâte sur une plaque à pâtisserie et faites cuire 15 min au four (th. 6 -180 °C).

SANS LACTOSE

Découvrir le tofu soyeux

Il remplace le fromage frais ou la crème pour donner du velouté aux soupes : mixez simplement votre potage avec 1 cuil. à soupe de tofu soyeux par personne. Onctueux, il apporte un plus en protéines.

SUPER DIGESTE

Bouillon apaisant

Fatigué, ballonné, manque d'appétit ? Ne vous forcez pas à manger, mais chouchoutez votre système digestif avec un bouillon adapté. Faites mijoter, pendant 20 min, 2 carottes pelées et coupées en rondelles, 1 tige de céleri branche, quelques brins de persil frais, 1 pincée de graines de carvi, 1 pincée de graines de coriandre et 1 petit morceau de gingembre. Filtrez, salez et dégustez. Vous pouvez y ajouter 2 cuil. à soupe de tapioca (à cuire 10 minutes).

SPÉCIAL ANTI-ÂGE

Des Oméga 3 dans les salades

Pensez à la mâche, et au pourpier, des petites salades légères en calories et concentrées en micro-nutriments anti-âge. Leur originalité : une bonne teneur en oméga 3. À consommer par petites poignées, plusieurs fois par semaine.

SPÉCIAL VEGAN

En-cas santé

Attention à l'excès de fibres lors de vos collations, souvent composées de fruits oléagineux. Alternez avec des sablés faits maison (farine, sucre complet, margarine végétale riche en oméga 3) aromatisés de citron, de gingembre ou de cannelle et avec des barres de céréales maison (flocons de céréales semi complets, sirop d'érable ou chocolat noir).

En-cas, soupes & salades

SPÉCIAL DÉTOX

Le poireau, légume détox par excellence

En soupe ou cuit vapeur, avec un peu de vinaigre balsamique blanc et d'huile de noix, le poireau est idéal en entrée ! Diurétique, il stimule la fonction rénale, et opère un nettoyage digestif en douceur. Consommez une partie des feuilles vertes : elles sont riches en chlorophylle détoxifiante.

SUPER ALIMENT

Apprivoisez le chou kale

Le roi des choux, superconcentré en vitamines, minéraux, antioxydants et substances anti-cancer. Il est ultra simple à cuisiner ; éliminez la nervure centrale, puis émincez finement les feuilles. À consommer cru, en entrée ou à intégrer dans les soupes, de préférence en fin de cuisson, pour bénéficier de sa richesse nutritionnelle.

INDEX GLYCÉMIQUE BAS

Quels féculents dans vos salades ?

Évitez le riz blanc et les pommes de terre, optez plutôt pour des pâtes de blé dur ou d'épeautre, du quinoa, du sarrasin, des haricots rouges ou des lentilles.

SPÉCIAL VEGGIE

Idée menu autour de la soupe de panais aux noisettes (voir p. 159) :

Un bol de soupe
+ une tartine gratinée au reblochon
+ une petite salade de jeunes pousses
+ quelques figues rôties à la cannelle

CROQUE-MONSIEUR
à la dinde et au guacamole

SUPER ALIMENT · SUPER DIGESTE

POUR 4 PERSONNES
PRÉPARATION : 20 MIN
CUISSON : 15 MIN

INGRÉDIENTS

8 tranches de pain de mie complet assez épaisses (10 à 12 cm de côté)
4 fines tranches de blanc de dinde
2 cuil. à soupe d'huile de maïs
1 gousse d'ail

Pour le guacamole :

2 petits avocats bien mûrs
Le jus de ½ citron vert
2 cuil. à soupe de crème fraîche
1 cuil. à café de piment en poudre

1. Coupez les avocats en deux, retirez le noyau et récupérez toute la pulpe. Mettez-la dans le bol d'un robot avec le jus de citron et le piment en poudre. Mixez rapidement, puis incorporez la crème fraîche.

2. Pelez la gousse d'ail et laissez-la entière. Faites griller au four ou au grille-pain légèrement les tranches de pain de mie des deux côtés et posez-les à plat sur une grande planche à découper. Frottez-les avec la gousse d'ail, puis hachez-la et incorporez-la à la purée d'avocat.

3. Tartinez une face de chaque tranche de pain de guacamole. Déposez sur 4 d'entre elles les tranches de blanc de dinde pliées en deux, puis recouvrez avec le reste du pain, face tartinée contre la dinde. Appuyez légèrement pour souder l'ensemble.

4. Faites chauffer l'huile dans une grande poêle et déposez-y les croque-monsieur. Faites rissoler doucement sur les deux faces et servez aussitôt. Accompagnez d'une salade de tomates cerises à la coriandre.

Le + Forme

Pour une version sans lactose, remplacez la crème fraîche par la même quantité de crème de soja.

BAGEL aux feuilles de chou kale et chèvre frais

SPÉCIAL ANTI-ÂGE
SPÉCIAL VEGGIE
SUPER DIGESTE

POUR 2 BAGELS
PRÉPARATION : 15 MIN
CUISSON : 7 MIN

INGRÉDIENTS

2 petits pains ronds à bagels

Quelques branches de chou kale, ou les feuilles extérieures de 1 chou-fleur ou de 1 chou romanesco

100 g de chèvre frais

6 cerneaux de noix

1 cuil. à soupe de raisins secs

1 filet d'huile de noix

Sel et poivre du moulin

1. **Lavez** les feuilles du chou, blanchissez-les 2 minutes dans une casserole d'eau bouillante salée, puis plongez-les dans l'eau froide. Égouttez-les bien sur du papier absorbant.

2. **Coupez-les** en lanières et faites-les revenir dans une poêle avec l'huile, du sel et du poivre pendant 3 minutes.

3. **Coupez** les pains en deux dans l'épaisseur. Passez-les 2 minutes sous le gril.

4. **Tartinez** l'intérieur des pains de chèvre frais et garnissez-les de feuilles de chou, de quelques raisins secs, des cerneaux de noix concassés et dégustez.

Le + Forme

Optez pour des bagels à la farine complète et aux graines de pavot ou de sésame pour un supplément de fibres.

GÂTEAU
courgette-feta

SPÉCIAL VEGGIE

SUPER DIGESTE

POUR 6 PERSONNES
PRÉPARATION : 15 MIN
CUISSON : 40 MIN

INGRÉDIENTS

150 g de feta
1 courgette
1 yaourt de brebis
3 œufs
250 g de farine de blé T65 ou T110
5 cuil. à soupe d'huile d'olive + un peu pour le moule
2 cuil. à café de poudre à lever
1 ½ cuil. à soupe de graines de sésame + un peu pour le décor
1 cuil. à soupe d'origan (ou thym)
Sel et poivre du moulin

1. **Lavez** la courgette et détaillez-la en petits cubes. Sur une assiette, émiettez la feta. Dans une grande poêle ou un wok, chauffez 2 cuillerées à soupe d'huile d'olive et faites sauter les dés de courgette jusqu'à ce qu'ils soient tendres.

2. **Préchauffez** le four à 180 °C (th. 6). Dans un saladier (ou la cuve d'un robot pâtissier), mélangez le yaourt, les œufs et le reste d'huile. Ajoutez la farine, la poudre à lever, l'origan, le sésame, la feta émiettée, ½ cuillerée à café de sel et 6 tours de moulin à poivre. Mélangez à nouveau jusqu'à obtenir une pâte homogène.

3. **Versez** dans un moule à manqué préalablement huilé. Déposez sur le dessus les cubes de courgette poêlés et enfoncez-les juste un peu dans la pâte. Enfournez le gâteau pour 35 minutes environ. Surveillez la fin de la cuisson en le piquant avec la lame d'un couteau : elle doit ressortir sèche.

4. **Au moment de servir,** saupoudrez le gâteau de graines de sésame et accompagnez-le d'une salade de roquette.

Le + Forme

Ajoutez un poivron rouge finement émincé pour augmenter l'apport en antioxydants.

CAKE VERT
aux légumes et aux olives

SPÉCIAL VEGGIE

SUPER DIGESTE

POUR 6 PERSONNES
PRÉPARATION : 30 MIN
CUISSON : 45 MIN

INGRÉDIENTS

175 g de farine
3 œufs
100 g de petits pois frais (ou décongelés)
100 g de haricots verts
60 g de grosses olives vertes
125 g de gruyère râpé
1 bouquet de persil plat
1 bouquet de menthe fraîche
1 sachet de levure chimique
10 cl de lait
10 cl d'huile d'olive
1 cuil. à café de noix de muscade râpée
Sel et poivre du moulin

1. **Faites chauffer** de l'eau dans une casserole, plongez les petits pois et les haricots verts (coupés en deux) dans l'eau bouillante, attendez 10 secondes, puis rafraîchissez-les et égouttez-les. Réservez. Coupez les queues des tiges de persil et de menthe, ébouillantez-les 15 secondes, puis égouttez-les et mixez-les pour les réduire en purée fine. Dénoyautez les olives et coupez-les en deux.

2. **Préchauffez le four** à 180 °C (th. 6). Dans un saladier, versez la farine tamisée avec la levure. Incorporez les œufs un par un et mélangez, puis ajoutez la purée de fines herbes et le gruyère râpé ; remuez de nouveau. Ajoutez les petits pois et les haricots verts. Liez avec le lait et l'huile, ajoutez la noix de muscade, salez et poivrez.

3. **Une fois la préparation** bien homogène, versez une couche au fond d'un moule à cake en silicone (que vous aurez juste passé sous l'eau froide, ce qui facilite le démoulage). Disposez sur cette première couche des moitiés d'olives vertes en les espaçant légèrement. Recouvrez d'une couche de pâte, puis ajoutez encore des olives et enfin le reste de pâte. Lissez le dessus.

4. **Placez le moule** à mi-hauteur et laissez cuire 45 minutes. Sortez le cake du four, puis attendez quelques minutes. Démoulez le cake et servez-le tiède ou froid.

Le + Forme

Ce cake léger est riche en légumes verts, dont la chlorophylle a un effet détoxifiant.

TARTINE aux petits légumes de printemps

SPÉCIAL ANTI-ÂGE · SPÉCIAL VEGGIE · SUPER DIGESTE

POUR 6 PERSONNES / PRÉPARATION : 20 MIN

INGRÉDIENTS : 6 tranches de pain aux graines • 300 g de légumes primeurs (fenouils, carottes, radis, petits pois...) • 250 g de fromage de chèvre frais • 6 cuil. à soupe d'huile d'olive • ½ citron • quelques feuilles de menthe • sel et poivre du moulin

1. **Écossez** les petits pois. Épluchez les légumes et lavez-les, puis émincez-les en fins copeaux à l'aide d'un couteau bien aiguisé ou d'un économe.

2. **Pressez** le citron. Fouettez l'huile d'olive avec 2 cuillerées à soupe de jus de citron, puis salez et poivrez. Versez cette sauce sur les légumes, ajoutez les petits pois entiers et mélangez délicatement.

3. **Faites griller** les tranches de pain et tartinez-les de fromage de chèvre. Recouvrez-les de légumes croquants, puis parsemez le tout de menthe ciselée.

Le + Forme

Profitez du printemps pour user et abuser de ces jeunes légumes bien croquants et pleins de nutriments protecteurs.

BOULETTES de sarrasin, coleslaw sauce à la purée d'amandes

SANS GLUTEN • SPÉCIAL ANTI-ÂGE • SPÉCIAL VEGGIE • INDEX GLYCÉMIQUE BAS • SUPER DIGESTE

POUR 5 PERSONNES / PRÉPARATION : 25 MIN / RÉFRIGÉRATION : 5 À 10 MIN / CUISSON : 10 MIN

INGRÉDIENTS : ½ chou blanc • 2 pommes bio • 75 g de comté ou emmental • 4 cuil. à soupe de purée d'amandes blanches • 3 cuil. à soupe de vinaigre de cidre • 3 cuil. à soupe d'huile d'olive • 2 cuil. à café de moutarde • 2 cuil. à soupe de yaourt de soja (facultatif) • sel et poivre du moulin • **Pour les boulettes :** 150 g de flocons de sarrasin • 75 g de farine de sarrasin • 1 cuil. à café de sel • poivre du moulin

1. **Lavez** le chou et retirez les premières feuilles si elles sont abîmées. Coupez-le en deux, retirez le trognon et détaillez-le en très fines lanières, au couteau ou à la mandoline. Lavez les pommes et taillez-les en fines lamelles, puis en bâtonnets. Réservez les crudités dans un saladier. Râpez le fromage.

2. **Fouettez** dans un grand bol la purée d'amandes, la moutarde, le vinaigre, le yaourt de soja avec 5 cl d'eau tiède. Salez et poivrez à votre convenance. Mélangez les crudités et la sauce, et réservez au réfrigérateur le temps de préparer les boulettes.

3. **Mélangez** dans un saladier les flocons et la farine de sarrasin avec 1 grosse cuillerée à café de sel et quelques tours de moulin à poivre. Ajoutez 20 cl d'eau et mélangez jusqu'à obtenir une pâte épaisse à peine collante : si nécessaire, ajoutez un peu d'eau ou de farine. Entre les paumes des mains, formez 35 boulettes de la taille d'une petite noix.

4. **Chauffez** dans une poêle l'huile déposez les boulettes et faites-les revenir de tous les côtés à feu moyen jusqu'à ce qu'elles soient bien dorées.

5. **Servez** les boulettes bien chaudes accompagnées du coleslaw ou froides pour le bento de la semaine ou le pique-nique du week-end.

Le + Forme

Disposez les boulettes de sarrasin sur du papier absorbant avant de les servir, pour éliminer une partie de l'huile.

GÂTEAU
navet et carotte, miel et chèvre

SPÉCIAL ANTI-ÂGE
SPÉCIAL VEGGIE
SUPER DIGESTE

POUR 6 PERSONNES /
PRÉPARATION : 25 MIN /
CUISSON : 50 MIN

INGRÉDIENTS :

500 g de navets nouveaux en botte
500 g de carottes nouvelles en botte
90 g de farine de blé T65 (ou T80)
3 œufs
1 bûche de chèvre
10 cl de lait (de vache ou de chèvre)
3 cuil. à soupe d'huile d'olive
1 cuil. à soupe de miel liquide
1 cuil. à café d'herbes de Provence
1 cuil. à café de sel marin
6 tours de moulin à poivre

1. **Coupez** le chèvre en tranches pas trop épaisses. Dans un grand saladier, fouettez les œufs avec l'huile d'olive et le miel. Ajoutez la farine, les herbes de Provence, le sel et le poivre. Mélangez jusqu'à l'obtention d'une pâte homogène. Délayez avec le lait petit à petit pour obtenir une pâte sans grumeaux.

2. **Préchauffez** le four à 190 °C (th. 6-7). Pelez les navets et les carottes. À l'aide d'une mandoline ou d'un couteau bien aiguisé, tranchez-les en rondelles de 2 mm d'épaisseur. Incorporez-les au fur et à mesure dans la pâte en remuant délicatement : les rondelles s'enrobent de pâte.

3. **Chemisez** de papier cuisson un moule carré de 22 cm de côté. Versez la moitié de la préparation dans le moule. Répartissez les tranches de chèvre et recouvrez avec le reste de pâte. Enfournez pour 50 minutes. Vérifiez la cuisson avec la pointe d'un couteau : si elle s'enfonce facilement, les légumes sont assez tendres.

4. **Dégustez** le gâteau tiède ou faites-le refroidir à température ambiante avant de le démouler, puis conservez-le au frais jusqu'à la dégustation.

Le + Forme

Avec beaucoup de légumes et très peu de farine, ce gâteau de légumes reste léger en calories.

ROULEAUX FRAIS
à l'asiatique

SANS GLUTEN · SANS LACTOSE · SPÉCIAL ANTI-ÂGE · SPÉCIAL VEGGIE · SPÉCIAL DÉTOX · SUPER DIGESTE

POUR 4 PERSONNES
PRÉPARATION : 25 MIN

INGRÉDIENTS

150 g de blanc de poulet cuit
¼ concombre
100 g de carottes
100 g de vert de courgette
8 petites galettes de riz rondes
30 g de vermicelles de riz
12 feuilles de salade
1 tige de menthe
1 poignée de pousses de soja
2 cuil. à soupe de tamari (sauce soja sans gluten)

Pour la sauce :

30 g de cacahuètes grillées
2 cuil. à soupe de nuoc-mâm
2 cuil. à soupe de vinaigre de riz
1 cuil. à café de sucre
1 pincée de piment
Poivre du moulin

1. **Faites** tremper les vermicelles de riz dans un saladier rempli d'eau bouillante. Coupez le poulet en très fines lamelles. Rincez et essorez les feuilles de salade et les pousses de soja. Pelez le morceau de concombre, puis coupez-le en très fines lamelles. Coupez les carottes et les courgettes en julienne. Effeuillez la menthe.

2. **Humidifiez** légèrement 1 galette de riz, puis garnissez-la de vermicelles de riz, de salade, de pousses de soja, de concombre, de carottes, de courgettes, de poulet et de feuilles de menthe. Assaisonnez d'un peu de tamari. Roulez la feuille sur elle-même pour obtenir un petit rouleau de printemps. Recommencez avec les autres galettes.

3. **Hachez** les cacahuètes. Mélangez le sucre, le vinaigre de riz et le nuoc-mâm dans un petit bol. Ajoutez les cacahuètes, le piment et du poivre. Servez les rouleaux très frais, avec leur sauce.

Le + Forme

Les vermicelles de riz et de soja conviennent pour le régime sans gluten. Très pratiques, ils se réhydratent en quelques minutes dans de l'eau bouillante et peuvent s'accommoder avec de la viande ou des légumes sautés.

SANDWICH CHAUD
de betterave, chèvre et graines germées

SPÉCIAL ANTI-ÂGE · SPÉCIAL VEGGIE · SUPER DIGESTE

POUR 4 PERSONNES / PRÉPARATION : 10 MIN / CUISSON : 2 MIN

INGRÉDIENTS : 8 tranches de pain aux noix • 1 betterave moyenne (175 g) crue • 125 g de fromage de chèvre frais • 75 g de graines germées (au choix) (voir p. 30) • 2 poignées de roquette • 3 cuil. à soupe d'huile d'olive • 2 cuil. à soupe de vinaigre balsamique • sel et poivre du moulin

1. **Pelez** et râpez la betterave à la grille fine. Lavez et essorez les feuilles de roquette. Dans un bol, versez l'huile d'olive et le vinaigre balsamique, salez et poivrez à votre convenance, puis mélangez.

2. **Nappez** 4 tranches de 1 cuillerée à café de vinaigrette et tartinez-les de fromage de chèvre. Recouvrez de feuilles de roquette et de graines germées. Terminez par la betterave râpée et arrosez du reste de vinaigrette. Recouvrez d'une seconde tranche de pain.

3. **Préchauffez** le gril du four. Déposez les sandwichs sur la plaque ou la grille du four et laissez griller quelques minutes le temps que le pain soit bien doré.

Le + Forme

Pour un sandwich plus complet, ajoutez les rondelles d'un œuf dur. Complétez votre déjeuner par des fruits frais.

WRAP À L'AGNEAU
et aux petits légumes

SPÉCIAL ANTI-ÂGE

SUPER DIGESTE

POUR 8 WRAPS / PRÉPARATION : 10 MIN / CUISSON : 10 MIN

INGRÉDIENTS : 8 tortillas (galettes de blé) • 400 g de gigot d'agneau • 1 yaourt bulgare • 4 tomates • 1 concombre • 2 gousses d'ail pilé (ou 1 cuil. à café d'ail surgelé) • le jus de ½ citron jaune • 2 cuil. à soupe de menthe ciselée • 1 cuil. à soupe d'huile d'olive • sel et poivre du moulin

1. Coupez la viande en lanières et disposez-les dans un plat creux. Mélangez l'huile, 1 gousse d'ail et la moitié de la menthe avec la viande.

2. Préchauffez le gril électrique ou une poêle-gril. Lavez les tomates et le concombre et essuyez-les. Coupez les tomates en fines rondelles et disposez-les sur une grande assiette. Coupez le concombre en deux dans le sens de la longueur et éliminez les pépins à l'aide d'une petite cuillère. Coupez-le ensuite en fines lamelles et disposez-les également sur l'assiette.

3. Dans un bol, mélangez le yaourt avec le reste de menthe, l'autre gousse d'ail et le jus de citron. Assaisonnez. Réchauffez au four à micro-ondes 4 tortillas empilées. Faites griller les lanières de viande sur le gril 5 à 8 minutes.

4. Garnissez les tortillas chaudes de tomates et de concombre, puis faites glisser la viande grillée pour compléter la garniture. Ajoutez 1 cuillerée de sauce à la menthe. Dégustez. Renouvelez l'opération avec la deuxième série de tortillas.

Le + Forme

Si vous ne souhaitez pas manger de viande, remplacez l'agneau par 2 cuillerées à soupe de houmous par tortillas.

PIZZA
aux courgettes et crevettes

SPÉCIAL ANTI-ÂGE

SUPER DIGESTE

POUR 2 PERSONNES
PRÉPARATION : 30 MIN
REPOS : 45 MIN
CUISSON : 17 MIN

INGRÉDIENTS

Pour la pâte à pizza :

100 g de farine

10 g de levure de boulanger fraîche en cube

1 grand verre d'eau tiède

1 pincée de sel

1 cuil. à soupe d'huile d'olive (facultatif)

Pour la garniture :

1 courgette

150 g de crevettes

100 g de ricotta

10 g de parmesan

25 cl de vin blanc

Ail et persil selon votre goût

1 cuil. à café d'huile d'olive

Poivre du moulin

1. **Préparez** la pâte. Mélangez la farine et le sel à l'aide d'une cuillère en bois. Dans un bol à part, délayez la levure dans l'eau tiède. Incorporez ce mélange à la farine. Pétrissez la pâte pendant 10 à 15 minutes avec un peu d'huile d'olive (facultatif) jusqu'à ce qu'elle devienne élastique. Laissez-la reposer sous un torchon pendant 45 minutes. Étalez ensuite la pâte à la main.

2. **Préchauffez** le four à 220 °C (th. 7). Mettez une feuille de papier sulfurisé sur la plaque du four et déposez la pâte dessus. Lavez la courgette, coupez-la dans le sens de la longueur, faites griller les lamelles ainsi obtenues sur une grille au four pendant 7 minutes.

3. **Faites** revenir dans une poêle un peu d'huile d'olive avec de l'ail, ajoutez les crevettes et le vin blanc. Faites cuire jusqu'à ce que les crevettes soient bien roses, ajoutez le persil haché et réservez.

4. **Versez** de l'huile d'olive sur la pâte à pizza, disposez uniformément la ricotta sur l'ensemble de la pâte. Placez la courgette et faites cuire au four (220 °C ou th. 7) pendant 10 minutes. À la sortie du four, ajoutez les crevettes, le parmesan, poivrez et servez immédiatement.

Le + Forme

Pour changer, remplacez la farine de blé par de la farine d'épeautre, plus riche en fibres en micronutriments (minéraux, antioxydants...).

SUSHIS DE LENTILLES vertes du Puy et saumon fumé

SANS GLUTEN · SANS LACTOSE · SPÉCIAL ANTI-ÂGE · INDEX GLYCÉMIQUE BAS · SPÉCIAL DÉTOX · SUPER DIGESTE

POUR 4 PERSONNES / PRÉPARATION : 35 MIN / CUISSON : 25 MIN

INGRÉDIENTS : 200 g de saumon fumé • 150 g de lentilles vertes du Puy • 2 carottes cuites • 5 brins de coriandre fraîche • 1 noix de gingembre • 1 échalote • 1 feuille (5 g) de gélatine • 4 feuilles d'algues nori (spécial sushi) • 1 jaune d'œuf • 10 cl d'huile de tournesol • 4 cuil. à café d'huile d'olive • 2 cuil. à café de vinaigre de framboise + un peu pour les lentilles • 2 cuil. à café de tamari (sauce soja sans gluten) • sel et poivre du moulin

1. Faites cuire les lentilles 25 minutes avec les tiges de coriandre fraîche dont vous aurez réservé les feuilles. Préparez la mayonnaise avec le jaune d'œuf, l'huile de tournesol et un peu de vinaigre de framboise. Ajoutez une petite noix de gingembre très finement hachée, l'échalote et les feuilles de coriandre finement ciselées.

2. Égouttez soigneusement les lentilles, incorporez la feuille de gélatine ramollie à l'eau froide, liez avec la mayonnaise aromatisée. Assaisonnez légèrement. Réservez au frais.

3. Sur une petite natte en bambou (à défaut sur un morceau de film alimentaire), posez 1 feuille d'algue nori. Recouvrez complètement cette feuille avec les tranches de saumon fumé. Au bas de cette feuille, étalez une petite quantité de lentilles sur la largeur. Positionnez quelques bâtonnets de carottes au milieu des lentilles.

4. Roulez doucement en remontant la natte en bambou de façon à former un boudin de 4 cm de diamètre environ. Recommencez l'opération autant de fois que vous désirez de sushis. Réservez au frais.

5. Pour servir, tranchez délicatement les sushis. Accompagnez-les d'une vinaigrette à l'huile d'olive, tamari et vinaigre de framboise.

Le + Forme

Les lentilles ont un index glycémique beaucoup plus bas que celui du riz, ce qui en fait une alternative parfaite si vous surveillez votre poids.

BOULGOUR AUX HERBES
et tartare de cœur de bœuf

SANS LACTOSE · SPÉCIAL ANTI-ÂGE · SPÉCIAL VEGAN · SPÉCIAL DÉTOX · SUPER DIGESTE

POUR 4 PERSONNES / PRÉPARATION : 20 MIN

INGRÉDIENTS : 250 g de boulgour fin de blé • 1 kg de tomates cœur de bœuf • 1 bouquet de persil plat • 1 bouquet de menthe • 2 petits oignons rouges • 2 oignons nouveaux • 1 concombre • 2 citrons jaunes • 7 cuil. à soupe d'huile d'olive • 1 cuil. à soupe de vinaigre de vin vieux • sel et poivre du moulin

1. **Retirez** les pédoncules des tomates et coupez-les en petits dés. Pelez et ciselez finement les oignons rouges. Lavez et effeuillez le persil et la menthe. Hachez-les finement au couteau. Pelez et hachez finement les oignons nouveaux en laissant 10 cm de vert. Pelez et coupez en petits cubes le concombre. Pressez les citrons.

2. **Préparez** le boulgour. Portez 35 cl d'eau à ébullition avec ½ cuillerée à café de sel. Versez-la sur le boulgour, couvrez et laissez gonfler jusqu'à refroidissement. Égrenez-le à la fourchette.

3. **Préparez** le tartare. Dans un saladier, mélangez les dés de tomates et les oignons ciselés avec 3 cuillerées à soupe d'huile d'olive et le vinaigre. Goûtez et rectifiez l'assaisonnement. Dans un autre saladier, mélangez le boulgour froid avec le reste d'huile d'olive, le jus de citron, les cubes de concombre et les herbes. Salez si nécessaire.

Le + Forme

Abusez des herbes fraîches (menthe, persil) : elles sont concentrées en vitamine C et en chlorophylle à l'effet détox.

TARTINES de confit d'oignons au poulet grillé

SANS LACTOSE · SPÉCIAL ANTI-ÂGE · SUPER DIGESTE

POUR 4 PERSONNES / PRÉPARATION : 10 MIN / CUISSON : 5 MIN

INGRÉDIENTS : 4 grandes tranches de pain de campagne au levain • 2 blancs de poulet grillés • 2 belles tomates coupées en rondelles • 4 cuil. à soupe de confit d'oignons • **Pour la sauce aux herbes :** 2 cuil. à soupe d'huile d'olive • 1 cuil. à soupe de basilic ciselé • 1 cuil. à soupe de menthe ciselée • 1 cuil. à café de jus de citron

1. **Émincez** les blancs de poulet en lamelles. Disposez les tranches de pain de campagne dans le grille-pain et toastez-les.

2. **Préparez** la sauce aux herbes en mélangeant tous les ingrédients dans un bol.

3. **Étalez** 1 cuillerée à soupe de confit d'oignons sur chaque tranche de pain grillé. Ajoutez quelques lamelles de poulet et des rondelles de tomates, puis assaisonnez avec un peu de sauce. Servez aussitôt.

Le + Forme

Pour un repas léger et équilibré, accompagnez d'une salade verte et d'un laitage.

SALADE
de crevettes

SANS GLUTEN ○ SPÉCIAL ANTI-ÂGE ○○○ SUPER ALIMENT ○ SUPER DIGESTE

POUR 4 PERSONNES / PRÉPARATION : 25 MIN

INGRÉDIENTS : 16 belles crevettes roses • 12 belles feuilles de laitue • 1 avocat • 100 g de dés de feta • 1 filet de jus de citron • **Pour la vinaigrette :** 1 yaourt nature • 1 cuil. à café de moutarde aux condiments • 1 cuil. à café de jus de citron • 1 cuil. à café de menthe ciselée • sel et poivre du moulin

1. **Préparez** la vinaigrette. Dans un bol, mélangez la moutarde, le jus de citron, du sel et du poivre, puis ajoutez le yaourt et la menthe et mélangez. Réservez.

2. **Pelez** l'avocat et coupez-le en lamelles. Arrosez-les d'un filet de jus de citron pour éviter que la chair noircisse. Rincez les feuilles de laitue sous un filet d'eau, puis essorez-les.

3. **Disposez** 3 feuilles de laitue dans le fond de 4 petits saladiers, puis ajoutez quelques lamelles d'avocat, 4 crevettes roses décortiquées et quelques dés de feta. Servez la vinaigrette à part, en saucière.

Le + Forme

Source de protéines et sans matière grasse ajoutée, cette salade est parfaite si vous surveillez votre ligne.

CHOU ROUGE ÉMINCÉ,
raisins secs, pomme râpée et graines germées

SANS GLUTEN · SPÉCIAL ANTI-ÂGE · SPÉCIAL VEGGIE · SPÉCIAL DÉTOX · SUPER DIGESTE

POUR 6 PERSONNES
PRÉPARATION : 20 MIN
CUISSON : 7 MIN

INGRÉDIENTS

1 petit chou rouge
1 oignon rouge
1 pomme verte bio
50 g de graines germées (betterave, alfalfa, poireau) (voir p. 30)
1 yaourt à la grecque
2 cuil. à soupe de vinaigre blanc
1 cuil. à soupe de sucre de canne blond
1 cuil. à soupe de raisins secs bio
3 cuil. à soupe d'huile d'olive
2 cuil. à soupe de vinaigre balsamique
1 cuil. à café de moutarde forte
1 pincée de sucre
Sel et poivre du moulin
Quelques brins de ciboulette pour la décoration (facultatif)

1. **Faites** chauffer de l'eau bouillante dans un faitout avec le sucre et le vinaigre blanc. Émincez finement le chou, plongez-le dans l'eau bouillante et laissez-le cuire pendant 7 minutes, puis égouttez-le.

2. **Mettez** l'émincé de chou dans un saladier avec l'huile d'olive, le vinaigre balsamique, la moutarde, le yaourt, un peu de sel et de poivre et la pincée de sucre. Ajoutez l'oignon rouge, finement émincé, la pomme râpée, les raisins secs et les graines germées.

3. **Mélangez** bien et réservez au frais. Au moment de servir, parsemez éventuellement de ciboulette finement ciselée.

Le + Forme

Cette salade est très concentrée en substances protectrices : vitamine C, polyphénols, substances soufrées, carotènes, qui contribuent à protéger les cellules du vieillissement prématuré et vous donnent bonne mine !

MUFFINS AU THON
et à la tomme

SANS GLUTEN · SPÉCIAL VEGGIE · SUPER DIGESTE

POUR 4 PERSONNES / PRÉPARATION : 20 MIN / CUISSON : 15 À 20 MIN

INGRÉDIENTS : 180 g de farine de riz • 3 œufs • 120 g de thon au naturel • 50 g de tomme de montagne • 150 g de fromage blanc • 15 tomates cerises • 2 tiges de basilic • 1 sachet de levure sans gluten • 3 cuil. à soupe d'huile d'olive • sel et poivre du moulin

1. **Préchauffez** le four à 150 °C (th. 5). Versez la farine de riz dans un saladier. Ajoutez la levure sans gluten, du sel et du poivre. Faites un puits au centre et ajoutez l'huile d'olive, le fromage blanc et les œufs. Mélangez à la spatule pour obtenir une pâte très lisse.

2. **Égouttez** le thon et émiettez-le. Ôtez la croûte de la tomme, puis coupez le fromage en petits dés. Effeuillez le basilic et hachez-le. Coupez les tomates cerises en quatre, éliminez le surplus de jus en les pressant légèrement entre les mains.

3. **Incorporez** dans la pâte à cake le thon, la tomme, les tomates cerises et le basilic. Versez dans 8 moules à muffins et faites cuire au four pendant 15 à 20 minutes. Laissez refroidir hors du four.

Le + Forme

Vous pouvez servir ces muffins avec une salade verte type iceberg, assaisonnée de vinaigre balsamique et d'huile d'olive.

TAJINE DE KEFTA
aux carottes et aux abricots

SANS GLUTEN · SANS LACTOSE · SUPER DIGESTE

POUR 4 PERSONNES / PRÉPARATION : 15 MIN / CUISSON : 1 H

INGRÉDIENTS : 750 g de viande d'agneau hachée • 500 g de carottes • 200 g de tomates pelées au naturel • 200 g d'abricots séchés • 1 bouquet de persil • 1 gousse d'ail • 1 cm de gingembre frais • 1 oignon • 1 cuil. à café de cumin en poudre • 1 cuil. à café de coriandre en poudre • 10 cl de jus d'orange • 2 cuil. à soupe d'huile d'olive • sel et poivre du moulin

1. Mettez les abricots séchés dans une jatte, versez le jus d'orange dessus et réservez jusqu'à leur emploi. Façonnez la viande hachée, salée et poivrée, en petites boulettes régulières, rangez-les sur une tôle garnie de papier sulfurisé et mettez-les dans le réfrigérateur. Pelez et hachez l'oignon, l'ail et le gingembre. Pelez et émincez les carottes.

2. Faites chauffer l'huile dans une cocotte. Ajoutez l'oignon, l'ail et le gingembre. Mélangez et faites revenir doucement. Incorporez le cumin et la coriandre. Amalgamez pendant 5 minutes. Ajoutez alors les boulettes et les tomates grossièrement hachées. Mélangez et portez à la limite de l'ébullition. Ajoutez les carottes et les abricots égouttés. Couvrez et mettez dans le four pendant 45 minutes à 160 °C. Laissez cuire pendant 45 à 50 minutes. Pendant ce temps, ciselez les feuilles de persil.

3. Sortez la cocotte du four, goûtez et rectifiez l'assaisonnement si besoin. Versez le contenu dans un plat à tajine et garnissez de persil ciselé avant de servir.

Le + Forme

Envie d'un tajine végétarien ? Doublez la qualité de carottes et réalisez ce tajine sans les boulettes !

CROQUE-COURGETTE

SUPER DIGESTE

POUR 6 PERSONNES

PRÉPARATION : 20 MIN

CUISSON : 10 MIN

INGRÉDIENTS

12 tranches de pain de mie

3 petites courgettes bien fermes

4 à 6 tranches de jambon blanc

60 g de crème fraîche épaisse (ou de crème végétale)

125 g de fromage râpé

2 cuil. à soupe de beurre fondu

1 cuil. à soupe d'huile d'olive

½ gousse d'ail épluchée et émincée

1. Préchauffez le four à 210 °C (th. 7). Lavez les courgettes et coupez-les en fines tranches dans le sens de la longueur.

2. Faites chauffer l'huile d'olive avec l'ail dans une poêle, puis jetez-y les courgettes et faites-les dorer de chaque côté. À l'issue de la cuisson, déposez-les sur du papier absorbant.

3. Mélangez la crème et le fromage. Étalez cette préparation sur 6 tranches de pain et recouvrez-le de jambon, puis de tranches de courgettes. Fermez chaque croque avec une deuxième tranche de pain de mie, que vous badigeonnerez ensuite de beurre fondu à l'aide d'un pinceau. Déposez les croques-courgette sur la plaque du four et laissez-les cuire jusqu'à ce qu'ils soient bien dorés.

4. Choisissez un fromage de qualité (beaufort, comté, etc.), que vous râperez vous-même. N'hésitez pas à varier les fromages selon vos envies.

Le + Forme

Pour les végétariens, il suffit d'enlever le jambon. Saupoudrez alors les courgettes d'un peu de thym, les croques n'en seront que meilleurs. Optez pour un pain de mie riche en graines (lin, tournesol), pour son apport en fibres et en minéraux.

SALADE
lentilles corail, fenouil et saumon

SANS GLUTEN · SPÉCIAL ANTI-ÂGE · INDEX GLYCÉMIQUE BAS · SUPER DIGESTE

POUR 6 PERSONNES

PRÉPARATION : 15 MIN

CUISSON : 15 MIN

INGRÉDIENTS

200 g de lentilles corail

2 fenouils

6 tranches de saumon fumé (450 g)

2 oignons frais

1 bouquet d'aneth

10 cl de crème fleurette

Le jus de 1 citron jaune

1 cuil. à soupe d'huile d'olive

Piment de Cayenne

Sel et poivre du moulin

1. **Faites cuire** les lentilles dans de l'eau bouillante pendant 15 minutes environ. Salez-les en fin de cuisson et égouttez-les.

2. **Émincez** finement les fenouils après avoir retiré les premières coques, puis plongez-les dans un bain d'eau froide. Hachez les oignons en gardant un peu de tige.

3. **Mettez** la crème dans un saladier avec le jus de citron, du sel, du poivre, un peu de piment, l'aneth ciselé, le fenouil bien égoutté, les oignons hachés, le saumon coupé en morceaux et les lentilles. Remuez délicatement, ajoutez l'huile d'olive et réservez au réfrigérateur.

Le + Forme

Une recette riche en protéines (lentilles, saumon), qui rassasie parfaitement. Le poisson peut être remplacé par du tofu aux 5 parfums coupé en lamelles.

SALADE
saumon, pomelo et pâtes de konjac

SANS GLUTEN · SANS LACTOSE · SPÉCIAL ANTI-ÂGE · INDEX GLYCÉMIQUE BAS · SUPER DIGESTE

POUR 4 PERSONNES / PRÉPARATION : 25 MIN / CUISSON : 5 MIN / REPOS : 5 MIN

INGRÉDIENTS : ½ laitue iceberg • 350 g de carpaccio de saumon frais • 3 pomelos • 400 g de pâtes de konjac • 2 kiwis • 10 cl de crème liquide allégée • ½ citron • 1 bouquet de ciboulette • 1 cuil. à soupe de graines de pavot • 1 cuil. à café de moutarde forte • sel et poivre du moulin

1. **Rincez** les pâtes de konjac sous l'eau froide. Portez à ébullition une casserole d'eau, retirez du feu, puis versez les pâtes. Couvrez et laissez reposer 5 minutes, puis égouttez.

2. **Pelez** à vif les pomelos, puis découpez les quartiers, en retirant la pellicule qui les entoure. Pelez les kiwis, coupez-les en quatre, puis en tranches minces. Rincez la salade et émincez-la. Rincez la ciboulette et hachez-la.

3. **Dans un bol,** mélangez la crème, la moutarde, le jus du citron, la ciboulette, du sel et du poivre.

4. **Disposez** sur 4 assiettes la laitue émincée, les pâtes de konjac et des tranches de carpaccio de saumon. Ajoutez les quartiers de pomelos et les tranches de kiwis. Nappez de sauce, décorez de graines de pavot et servez aussitôt.

Le + Forme

Les pâtes de konjac n'apportent pratiquement aucune calorie : elles sont parfaites pour créer des plats ultra light !

SALADE VEGGIE
au sarrasin

SANS GLUTEN · SANS LACTOSE · SPÉCIAL ANTI-ÂGE · SPÉCIAL VEGAN · INDEX GLYCÉMIQUE BAS · SPÉCIAL DÉTOX · SUPER DIGESTE

POUR 4 PERSONNES / PRÉPARATION : 20 MIN / CUISSON : 35 MIN

INGRÉDIENTS : 100 g de sarrasin • 1 aubergine • 2 tomates • 1 échalote • 1 gousse d'ail • 50 g de cerneaux de noix de pécan • ½ bouquet de persil plat • 3 cuil. à soupe d'huile d'olive • sel et poivre du moulin

1. **Lavez** l'aubergine et coupez-la en tout petits dés. Pelez et hachez l'ail et l'échalote séparément. Lavez les tomates et coupez-les en dés. Rincez le persil, essorez-le, puis hachez-le.

2. **Faites cuire** le sarrasin pendant 15 minutes dans une casserole d'eau bouillante salée, puis égouttez-le. Dans une poêle, faites cuire à feu doux les dés d'aubergine avec l'ail haché et 2 cuillerées à soupe d'huile d'olive pendant 15 minutes. Salez et poivrez. Faites dorer les noix de pécan pendant quelques minutes dans une poêle, sans matière grasse, puis hachez-les grossièrement.

3. **Dans un saladier,** mélangez les tomates et le sarrasin. Salez et poivrez, puis ajoutez l'échalote, la moitié du persil haché et le reste d'huile d'olive. Remuez, puis répartissez dans 4 verrines. Dans un autre saladier, mélangez l'aubergine cuite et refroidie, les noix de pécan et le persil restant. Versez dans les verrines et servez bien frais.

Le + Forme

Une salade dont l'apport en protéines peut être complétée par 120 g de pois chiches.

SALADE PRINTANIÈRE
au chou kale

SANS GLUTEN · SANS LACTOSE · SPÉCIAL ANTI-ÂGE · SPÉCIAL VEGAN · INDEX GLYCÉMIQUE BAS · SUPER ALIMENT · SPÉCIAL DÉTOX · SUPER DIGESTE

POUR 4 PERSONNES

PRÉPARATION : 30 MIN

CUISSON : 30 MIN

INGRÉDIENTS

1 chou kale (ou ½ chou vert de printemps)

700 g de fèves fraîches

100 g de quinoa rouge

2 oignons nouveaux

1 bouquet de cerfeuil

½ botte de radis rouges

50 g de raisins secs

40 g de pignons

2 cuil. à soupe de vinaigre balsamique blanc

1 cuil. à soupe d'huile d'olive

1 cuil. à soupe d'huile de noisette

Sel et poivre du moulin

1. Rincez le quinoa sous l'eau dans une passoire, puis faites-le cuire 20 minutes dans une casserole d'eau bouillante salée. Égouttez-le et laissez-le tiédir. Émincez les feuilles de chou kale, puis faites-les cuire 5 minutes à la vapeur. Faites dorer les pignons 3 minutes dans une poêle, sans matière grasse. Laissez tiédir.

2. Écossez les fèves et éliminez la pellicule qui les entoure. Pelez et hachez les oignons nouveaux, ainsi que le cerfeuil rincé et essoré. Lavez les radis, éliminez la tige et la radicelle, puis coupez-les en fines rondelles.

3. Mélangez dans un saladier le quinoa, le chou, les radis, les fèves, les oignons et le cerfeuil émincés. Ajoutez les raisins secs et les pignons. Assaisonnez de sel, de poivre, des huiles de noisette et d'olive et de vinaigre balsamique, puis servez aussitôt.

Le + Forme

Le chou kale fait partie des super-aliments à consommer régulièrement : c'est un concentré de nutriments protecteurs et anti-âge.

SALADE
orientale

SANS GLUTEN · SANS LACTOSE · SPÉCIAL ANTI-ÂGE · SPÉCIAL VEGAN · SPÉCIAL DÉTOX · SUPER DIGESTE

POUR 6 PERSONNES / PRÉPARATION : 15 MIN / CUISSON : 10 À 15 MIN

INGRÉDIENTS : 4 carottes moyennes • 2 bulbes de fenouil • 1 orange • 30 g de pignons de pin • 3 pincées de cumin en poudre • 3 cuil. à soupe d'huile d'olive • 1 cuil. à soupe de vinaigre de Xérès • sel et poivre du moulin

1. **Dans un saladier,** mélangez le vinaigre, du sel, du poivre, une pincée de cumin et l'huile d'olive.

2. **Lavez** le fenouil, enlevez les branches externes et coupez le reste en morceaux. Lavez et pelez les carottes. Coupez-les en petits bâtonnets. Faites-les cuire dans 5 cm d'eau additionnée du reste de cumin pendant 10 minutes.

3. **Faites dorer** les pignons à sec dans une poêle antiadhésive. Pelez l'orange et prélevez ses quartiers. Mélangez le fenouil, les carottes égouttées, les morceaux d'orange et les pignons. Rectifiez l'assaisonnement si besoin, puis servez.

Le + Forme

Le cumin facilite la digestion et contient des antioxydants. Vous pouvez aussi l'utiliser en graines entières, très décoratives.

SALADE
betteraves-carottes

SANS GLUTEN · SANS LACTOSE · SPÉCIAL ANTI-ÂGE · SPÉCIAL VEGAN · SPÉCIAL DÉTOX · SUPER DIGESTE

POUR 4 PERSONNES / PRÉPARATION : 15 MINUTES

INGRÉDIENTS : 100 g de mâche • 2 carottes • 2 betteraves crues • 1 orange + le jus de ½ orange • 4 cuil. à soupe de crème de soja spécial cuisine • 1 cuil. à soupe de raisins secs • 1 cuil. à soupe d'huile de noix • sel et poivre du moulin

1. **Faites gonfler** les raisins dans le jus d'orange. Pelez, lavez, puis râpez les carottes et les betteraves, et déposez-les dans un saladier. Lavez et essorez la mâche. Mélangez-en 40 g aux légumes râpés.

2. **Pelez** l'orange à vif, puis coupez les quartiers en dés. Ajoutez-les dans la salade, avec les raisins égouttés.

3. **Mixez** le reste de mâche avec le jus d'orange, la crème et l'huile. Salez et poivrez, et servez la salade avec 1 cuillerée de ce coulis.

Le + Forme

Pensez à la crème de soja pour vos sauces : ses lipides insaturés sont bénéfiques au système cardiovasculaire.

SALADE DE QUINOA, betterave et carottes jaunes, œuf mollet, amandes

SANS GLUTEN · SANS LACTOSE · SPÉCIAL ANTI-ÂGE · SPÉCIAL VEGGIE · INDEX GLYCÉMIQUE BAS · SUPER DIGESTE

POUR 4 PERSONNES
PRÉPARATION : 25 MIN
CUISSON : 15 À 20 MIN

INGRÉDIENTS

60 g de quinoa
200 g de betteraves jaunes
400 g de carottes jaunes
4 œufs
20 amandes
2 cuil. à soupe d'huile d'olive
Sel et poivre du moulin

1. **Rincez** rapidement le quinoa. Mettez-le à cuire dans deux fois son volume d'eau salée. Portez à légers frémissements sans couvercle, puis couvrez et laissez cuire jusqu'à absorption de l'eau.

2. **Lavez** les carottes jaunes. Coupez-les en deux dans le sens de la longueur. Puis coupez-les en longues tiges comme de la julienne. Faites-les suer dans une sauteuse avec l'huile d'olive. Poivrez et salez. Réservez.

3. **Lavez** et pelez les betteraves jaunes. Débitez-les en fines tranches, puis en lanières. Faites cuire les œufs 4 minutes dans de l'eau bouillante : ils seront mollets. Écalez-les.

4. **Coupez** avec un couteau d'office les amandes en deux, dans l'épaisseur. Mélangez tous les ingrédients. Assaisonnez de sel et de 5 tours de moulin à poivre.

Le + Forme

Betterave et carotte sont des légumes racines bien pourvus en minéraux, et notamment en fer, calcium et magnésium.

SALADE AUX CÉRÉALES, graines germées et mangue

SANS LACTOSE · SPÉCIAL ANTI-ÂGE · SPÉCIAL VEGAN · SUPER ALIMENT · SPÉCIAL DÉTOX · SUPER DIGESTE

POUR 1 PERSONNE / PRÉPARATION : 15 MIN

INGRÉDIENTS : ½ salade iceberg croquante • 20 g de pétales de céréales (type corn flakes) • 20 g de muesli bio • 50 g d'alfalfa (graines germées) (voir p. 30) • 20 g de pousses de soja • 100 g de dés de mangue mûre • 50 g de raisin de saison • 20 g de cranberries séchées • 20 g de concombre • 2 branches d'estragon • 10 cl de jus de mangue • 5 cl d'huile de colza • 5 cl de vinaigre de cidre fermier • sel

1. **Lavez** soigneusement la salade, le concombre, le raisin de saison et les pousses de soja. Épluchez la mangue et faites des petits dés de 1 cm.

2. **Mélangez** dans un bol le jus de mangue, l'huile de colza et le vinaigre de cidre, puis salez à votre convenance.

3. **Ajoutez** les autres ingrédients et mélangez le tout. Servez immédiatement afin de conserver le croquant des aliments.

Le + Forme

Les graines germées sont riches en vitamine C, mais il est impératif de les consommer très fraîches pour préserver leurs bienfaits nutritionnels.

TARTARE DE DAURADE
en salade, yaourt nature, râpée de citron

SANS GLUTEN · SPÉCIAL ANTI-ÂGE · SPÉCIAL DÉTOX · SUPER DIGESTE

POUR 4 PERSONNES / PRÉPARATION : 25 MIN

INGRÉDIENTS : 500 g de filet de daurade écaillée avec la peau • 2 yaourts ordinaires nature • le jus de 2 citrons • le zeste de 1 citron • 3 tomates • 1 botte de ciboulette • 6 brins de coriandre • 2 cuil. à soupe d'huile d'olive • quelques grains de fleur de sel • poivre du moulin

1. **Découpez** la daurade en petits cubes, assaisonnez-les du jus des citrons. Ébouillantez rapidement les tomates. Épluchez et épépinez-les. Coupez-les en petits dés. Ciselez la ciboulette finement et effeuillez la coriandre, réservez.

2. **Mélangez** la daurade avec les herbes, l'huile d'olive, les dés de tomates et rectifiez l'assaisonnement.

3. **Dans un verre à Martini®**, déposez au fond 1 bonne cuillerée de tartare de daurade. Par-dessus, déposez 1 cuillerée de yaourt nature, 1 zeste de citron, 1 tour de poivre du moulin, 1 pointe de fleur de sel. Répétez l'opération pour les portions suivantes. Réservez au réfrigérateur jusqu'au moment de servir.

Le + Forme

Si vous ne consommez pas de lactose, remplacez le yaourt par un yaourt au lait de soja ou de coco.

SALADE
de bœuf thaï

SANS GLUTEN · SANS LACTOSE · SUPER DIGESTE

POUR 4 PERSONNES
PRÉPARATION : 30 MIN
CUISSON : 20 MIN

INGRÉDIENTS

500 g d'émincé de bœuf surgelé
120 g de riz thaï
6 shiitakés ou champignons de Paris
2 échalotes
2 citrons verts non traités
20 g de gingembre frais
1 bouquet de coriandre
8 feuilles de basilic thaï
2 cuil. à soupe d'huile d'olive
2 cuil. à soupe de vinaigre de vin
1 cuil. à soupe d'huile de sésame
Fleur de sel et poivre du moulin

1. **Chauffez** les huiles dans une poêle ou une sauteuse. Quand elles sont sur le point de « fumer », ajoutez l'émincé de bœuf et faites-le revenir 2 minutes à feu fort. Remuez-le à mi-cuisson à l'aide d'une spatule.

2. **Ajoutez** le vinaigre. Laissez encore cuire à feu fort 1 ou 2 minutes avant de stopper la cuisson. Réservez dans une assiette, en conservant le jus dans la poêle. Salez et poivrez.

3. **Pelez** les échalotes. Émincez-les finement. Lavez la coriandre, le basilic thaï, puis effeuillez-les. Émincez-les grossièrement. Conservez quelques feuilles pour la décoration et le service.

4. **Lavez** les citrons verts et prélevez les zestes. Mélangez tous les ingrédients dans le jus de cuisson de la viande. Parallèlement, faites cuire le riz thaï dans de l'eau salée. Égouttez-le. Ajoutez le riz à côté de la viande tiède.

5. **Pelez** les champignons et coupez-les en fines tranches, directement sur le plat. Râpez le gingembre sur le plat avant de servir. Ce plat se déguste aussi bien chaud que froid.

Le + Forme

Le gingembre n'apporte aucune calorie et facilite la digestion. Si vous n'aimez pas son goût piquant, remplacez-le par du galanga, plus doux.

SALADE DE TABOULÉ
et feuilles de roquette

SANS LACTOSE · SPÉCIAL ANTI-ÂGE · SPÉCIAL DÉTOX · SUPER DIGESTE

POUR 4 PERSONNES
PRÉPARATION : 30 MIN
RÉFRIGÉRATION : 1 H

INGRÉDIENTS

50 g de boulgour ou de semoule fine
10 feuilles de roquette
2 tomates
2 bouquets de persil plat
1 oignon
1 citron
½ bouquet de menthe
½ citron confit
3 cuil. à soupe d'huile d'olive
1 cuil. à soupe de menthe séchée
Sel et poivre du moulin

1. **Versez** le boulgour dans un bol d'eau froide, lavez-le. Égouttez-le dans une passoire très fine et laissez-le gonfler 1 heure au frais.

2. **Lavez les tomates,** le persil et la menthe fraîche puis séchez-les. Équeutez le persil et la menthe. Hachez-les très finement.

3. **Nettoyez** soigneusement les feuilles de roquette. Choisissez-les petites et laissez-les entières. Épluchez les tomates après les avoir ébouillantées 2 minutes. Coupez-les en petits dés. Épluchez et hachez l'oignon, pressez le citron.

4. **Dans un saladier,** mélangez tous les ingrédients avec le boulgour. Ajoutez le jus de citron, l'huile d'olive, la menthe séchée et le poivre. Ne salez pas pour le moment ! Vous salerez légèrement à la dernière minute afin d'éviter que les ingrédients ne perdent leur eau. Disposez les feuilles de roquette sur le tout.

Le + Forme

Ajoutez un filet de rouget cuit à la vapeur par personne pour augmenter l'apport en protéines.

KIMCHI

SANS GLUTEN · SANS LACTOSE · SPÉCIAL ANTI-ÂGE · SPÉCIAL DÉTOX · SUPER DIGESTE

POUR 8 PERSONNES / PRÉPARATION : 30 MIN / REPOS : 1 NUIT / FERMENTATION : 3 À 5 JOURS

INGRÉDIENTS : 2 choux chinois (poids total 1,5 kg) • 6 oignons blancs frais • 2 carottes pelées et coupées en julienne • 1 cuil. à soupe de graines de sésame • 100 g de gros sel • **Pour la pâte d'épices :** 5 gousses d'ail pelées et écrasées au presse-ail • 6 cm de gingembre pelé et râpé • 3 cuil. à soupe de sauce de poisson (colature d'anchois) • 2 cuil. à soupe de tamari (sauce soja sans gluten) • 2 cuil. à soupe de gochugaru (piment coréen en poudre) • 1 cuil. à soupe de sucre en poudre

1. Coupez la base des choux chinois et lavez chaque feuille. Coupez les feuilles tous les 5 cm horizontalement. Dans un grand bol, mettez les lanières de chou, le gros sel et versez de l'eau froide à hauteur. Placez un poids dessus pour que le chou reste bien immergé. Laissez reposer toute la nuit.

2. Le lendemain, lavez le chou à l'eau froide. Préparez la pâte d'épices en mélangeant l'ail, le gingembre, la sauce de poisson, le tamari, le sucre et le piment coréen.

3. Réunissez le chou, la julienne de carottes, les oignons blancs finement hachés, le sésame et la pâte d'épices. Mélangez, couvrez et laissez fermenter à température ambiante entre 3 et 5 jours. Le kimchi est prêt quand il est à votre goût !

Le + Forme

La fermentation naturelle rend le chou plus digeste. Le kimchi peut se préparer aussi avec des navets et des poireaux à la place du chou. Il peut se conserver au réfrigérateur, ce qui ralentit la fermentation (mais ne l'arrête pas) ; son goût devient alors de plus en plus puissant. Certains préfèrent à l'inverse ne le laisser fermenter que quelques heures, ce qui en fait alors une salade très originale.

SALADE DE RIZ ROUGE
et tofu aux légumes

SANS GLUTEN · SANS LACTOSE · SPÉCIAL ANTI-ÂGE ○ SPÉCIAL VEGAN · INDEX GLYCÉMIQUE BAS ○ SPÉCIAL DÉTOX · SUPER DIGESTE

POUR 4 PERSONNES / PRÉPARATION : 20 MIN / CUISSON : 35 MIN

INGRÉDIENTS : 120 g de riz rouge • 250 g de tofu • 200 g de petits pois surgelés • 3 tomates • 1 cœur de céleri-branche • 1 gousse d'ail • 10 brins de cerfeuil • 2 cuil. à soupe de graines de sésame • 2 cuil. à soupe de vinaigre balsamique blanc • 2 cuil. à soupe d'huile d'olive • 1 cuil. à soupe d'huile de sésame • 1 cuil. à soupe de tamari (sauce soja sans gluten) • sel et poivre du moulin

1. Faites cuire le riz rouge pendant 20 minutes dans une casserole d'eau bouillante salée, puis égouttez-le et laissez-le refroidir. Découpez le tofu en lamelles. Faites-les sauter dans un wok avec 1 cuillerée à soupe d'huile d'olive. Lorsque le tofu est bien doré, poivrez, ajoutez le tamari et faites réduire à feu vif.

2. Faites cuire les petits pois pendant 10 minutes dans une casserole d'eau bouillante salée, puis passez-les sous l'eau glacée et égouttez-les.

3. Lavez les tomates et coupez-les en petits dés. Rincez le cœur de céleri et émincez-le. Pelez et hachez l'ail. Rincez le cerfeuil, effeuillez-le et hachez-le.

4. Mélangez dans un saladier les tomates, les petits pois, le céleri et le riz. Ajoutez l'ail, le cerfeuil, les graines de sésame, les huiles et le vinaigre balsamique. Salez et poivrez. Mélangez délicatement, ajoutez le tofu et servez frais ou tiède.

Le + Forme

Le riz rouge est riche en fibres mais aussi en antioxydants, n'hésitez pas à l'intégrer régulièrement dans vos menus.

SALADE DE MÂCHE
au poulet et noix de cajou

SANS GLUTEN · SANS LACTOSE · SPÉCIAL ANTI-ÂGE · SPÉCIAL DÉTOX · SUPER DIGESTE

POUR 1 PERSONNE
PRÉPARATION : 10 MIN
CUISSON : 8 MIN

INGRÉDIENTS

1 blanc de poulet cuit de 130 g environ (reste d'un poulet rôti, par exemple)

1 poignée de salade de mâche

15 g de noix de cajou

¼ mangue pas trop mûre

50 g de riz basmati

Gros sel

Pour la sauce :

1 cuil. à café de coriandre ciselée

1 cuil. à café de gingembre frais râpé

1 cuil. à café de tamari (sauce soja sans gluten)

1 cuil. à soupe d'huile de sésame

Poivre du moulin

1. **Faites cuire** le riz dans une casserole d'eau bouillante salée 8 minutes environ. Pendant ce temps, lavez et essorez la mâche, puis mettez-la dans un petit saladier.

2. **Coupez** le quartier de mangue en lamelles, faites de même pour le blanc de poulet et ajoutez-les à la salade, ainsi que les noix de cajou.

3. **Préparez** la sauce en mélangeant tous les ingrédients dans un bol. Égouttez le riz et laissez-le tiédir. Ajoutez-le à la salade, nappez de sauce et mélangez le tout.

Le + Forme

La mâche est une salade intéressante pour son apport en oméga 3, des acides gras qui ont notamment un effet régulateur sur l'humeur !

SALADE DE KASHA, roquette et avocat à la maca

SANS GLUTEN · SANS LACTOSE · SPÉCIAL ANTI-ÂGE · SPÉCIAL VEGAN · INDEX GLYCÉMIQUE BAS · SUPER ALIMENT · SPÉCIAL DÉTOX · SUPER DIGESTE

POUR 4 PERSONNES
PRÉPARATION : 25 MIN
CUISSON : 15 MIN

INGRÉDIENTS

150 g de kasha (graine de sarrasin grillée)
2 poignées de roquette
1 bel avocat
1 cuil. à café de poudre de maca
10 radis rouges
1 carotte
20 g de raisins de Corinthe
5 tiges de coriandre
1 cuil. à soupe d'huile de sésame
1 cuil. à soupe d'huile de colza
Le jus de 1 citron
Sel et poivre du moulin

1. **Faites cuire** le kasha pendant 15 minutes à l'eau bouillante salée, puis égouttez-le.

2. **Rincez** les radis, éliminez la radicelle et les feuilles, puis coupez-les en rondelles. Pelez et coupez l'avocat en lamelles. Arrosez-le d'un peu de jus de citron. Pelez et râpez la carotte. Hachez grossièrement la roquette.

3. **Versez** le kasha dans un saladier. Ajoutez la carotte râpée, l'avocat, les radis, la roquette et les raisins de Corinthe. Mélangez délicatement.

4. **Mettez** dans un bol l'huile de sésame, l'huile de colza, 3 cuillerées à soupe de jus de citron, du sel, du poivre et la poudre de maca, puis mélangez bien. Versez dans le saladier, décorez avec des feuilles de coriandre.

Le + Forme

Une salade riche en lipides insaturés indispensables à la santé du cœur et des artères (colza, sésame).

SALADE D'HIVER croquante

SANS GLUTEN ○ SPÉCIAL ANTI-ÂGE · SPÉCIAL VEGGIE ○ INDEX GLYCÉMIQUE BAS ○ SPÉCIAL DÉTOX · SUPER DIGESTE

POUR 4 PERSONNES
PRÉPARATION : 15 MIN

INGRÉDIENTS

2 carottes
¼ chou rouge
50 g de mâche
1 avocat
2 clémentines
1 cl de jus de citron

Pour la sauce :

1 clémentine
1 cuil. à soupe de coriandre ciselée
1 cuil. à soupe de yaourt au bifidus
1 cuil. à café de moutarde à l'ancienne
1 cuil. à café d'huile de colza
1 cuil. à café d'huile d'olive
Sel et poivre du moulin

1. **Coupez** les extrémités des carottes avant de les peler. Lavez-les et râpez-les. Émincez le chou, lavez-le et essuyez-le dans un linge. Puis coupez l'avocat en deux, ôtez son noyau et sa peau avant de le détailler en cubes. Versez le jus de citron dessus et mélangez.

2. **Dans un saladier,** mélangez les carottes, le chou et l'avocat, puis ajoutez la mâche lavée et essorée.

3. **Préparez** la sauce : déposez la moutarde dans un bol, salez et poivrez. Coupez la clémentine en deux et pressez-la au-dessus du bol. Délayez et ajoutez le yaourt et la coriandre. Mélangez en versant les huiles. Répartissez la sauce sur la salade et mélangez. Répartissez la salade dans des bols individuels.

4. **Pelez** les clémentines et séparez leurs quartiers. Décorez chaque bol de salade de quartiers de clémentines.

Le + Forme

En hiver, faites le plein de vitamine C, indispensable au bon fonctionnement des défenses immunitaires, grâce au chou rouge et à la clémentine.

TABOULÉ
de chou-fleur

SANS GLUTEN · SANS LACTOSE · SPÉCIAL ANTI-ÂGE · SPÉCIAL VEGAN · SPÉCIAL DÉTOX · SUPER DIGESTE

POUR 4 PERSONNES / PRÉPARATION : 5 MIN / CUISSON : 3 MIN

INGRÉDIENTS : 400 g de chou-fleur • 6 radis roses hachés grossièrement • 2 oignons nouveaux hachés grossièrement • 2 tiges de menthe effeuillées • 2 tiges de coriandre effeuillées • 1 cuil. à soupe de jus de citron • **Pour la sauce :** 2 cuil. à soupe d'huile d'olive • 1 cuil. à soupe de jus de citron • sel et poivre du moulin

1. Coupez les petits bouquets de chou-fleur en morceaux, puis mixez-les jusqu'à obtenir une semoule assez grossière. Arrosez celle-ci de jus de citron et passez-la 3 minutes au micro-ondes à pleine puissance. Mélangez et laissez refroidir.

2. Préparez la sauce pendant ce temps : mélangez l'huile et le jus de citron, salez et poivrez à votre goût.

3. Mixez ensemble assez finement les radis, les oignons nouveaux, les feuilles de menthe et de coriandre. Mélangez ce hachis à la semoule de chou-fleur, puis arrosez de sauce et remuez une dernière fois.

Le + Forme

Le chou-fleur est très riche en vitamine C, surtout consommé cru ou très peu cuit, comme dans cette recette originale.

SALADE DE POIRE
au gouda et au cumin

SANS GLUTEN · SPÉCIAL ANTI-ÂGE · SPÉCIAL VEGGIE · SUPER DIGESTE

POUR 4 PERSONNES / PRÉPARATION : 25 MIN

INGRÉDIENTS : 4 poignées de salade de saison • 3 poires • 60 g de gouda au cumin • 4 cuil. à café de germes de blé en paillettes • 3 brins de basilic • 3 brins de persil • 3 brins de coriandre • **Pour la vinaigrette à la rhubarbe :** 1 cuil. à soupe de compote de rhubarbe • 1 cuil. à soupe de vinaigre de cidre • 1 cuil. à soupe d'huile de colza • 1 cuil. à soupe d'huile d'olive • sel et poivre du moulin

1. Lavez et essorez la salade, puis déposez-la dans un saladier. Ajoutez les herbes finement ciselées. Mélangez, puis disposez un petit dôme au centre de chaque assiette.

2. Pelez les poires et coupez-les en deux, puis épépinez-les et taillez-les en fines lamelles. Disposez-les en corolle autour de la salade.

3. Mélangez les ingrédients de la vinaigrette, puis versez-la sur le contenu des assiettes.

4. Prélevez des copeaux de fromage à l'aide d'un couteau économe et répartissez-les sur les salades. Parsemez chaque assiette avec 1 cuillerée à café de germes de blé et servez.

Le + Forme

La poire est un fruit très digeste, mais assez pauvre en vitamine C, il est donc intéressant de l'associer à des jeunes pousses et à des herbes fraîches, qui en sont d'excellentes sources.

SALADE DE CHOU KALE
aux cranberries et aux pignons

SANS GLUTEN · SANS LACTOSE · SPÉCIAL ANTI-ÂGE · SPÉCIAL VEGAN · INDEX GLYCÉMIQUE BAS · SPÉCIAL DÉTOX · SUPER DIGESTE

POUR 4 PERSONNES
PRÉPARATION : 20 MIN
CUISSON : 20 MIN

INGRÉDIENTS

1 chou kale
25 g de cranberries séchées
25 g de pignons
1 oignon violet
80 g de quinoa
10 brins de cerfeuil
2 cuil. à soupe d'huile de noix
2 cuil. à soupe de vinaigre balsamique
Sel et poivre du moulin

1. **Rincez** le quinoa et faites-le cuire 15 minutes à l'eau bouillante salée. Égouttez et laissez tiédir dans un saladier.

2. **Rincez** le chou kale, éliminez les côtes un peu dures et émincez-le finement. Pelez et hachez l'oignon violet, rincez le cerfeuil et hachez-le. Versez les légumes dans le saladier contenant le quinoa.

3. **Faites dorer** les pignons pendant 5 minutes dans une petite poêle antiadhésive, sans matière grasse. Ajoutez dans le saladier les pignons, les cranberries, l'huile de noix et le vinaigre balsamique. Salez et poivrez, mélangez et servez.

Le + Forme

Concentrée en antioxydants, cette salade est également très bien pourvue en fibres.

SALADE DE QUINOA
aux courges confites

SANS GLUTEN ○ SANS LACTOSE ○ SPÉCIAL ANTI-ÂGE ○ SPÉCIAL VEGAN ○ INDEX GLYCÉMIQUE BAS ○ SPÉCIAL DÉTOX ○ SUPER DIGESTE

POUR 6 PERSONNES
PRÉPARATION : 25 MIN
CUISSON : 1 H

INGRÉDIENTS

250 g de graines de quinoa
1 à 1,5 kg de courge (butternut, potimarron, courge musquée...)
2 échalotes
2 cuil. à soupe d'huile d'olive
1 cuil. à café d'herbes de Provence
2 gousses d'ail (facultatif)
20 g de graines de courge (facultatif)
Herbes (persil, coriandre...) pour servir (facultatif)
Sel et poivre du moulin

Pour la vinaigrette :

4 cuil. à soupe d'huile de pépins de courge
2 cuil. à soupe de vinaigre balsamique
1 cuil. à café de moutarde de Dijon
1 cuil. à soupe de miel
Sel et poivre du moulin

1. Coupez la courge en deux et ôtez-en les graines à l'aide d'une cuillère. Puis coupez-la en morceaux de 2 cm de côté environ. Pelez, dégermez et hachez l'ail. Pelez et ciselez finement les échalotes.

2. Préchauffez le four à 180 °C (th. 6). Déposez les morceaux de courge dans la lèchefrite du four. Ajoutez l'ail haché, arrosez d'huile d'olive, saupoudrez d'herbes de Provence, salez et poivrez à votre convenance. Mélangez bien. Enfournez pour 50 minutes en remuant de temps en temps : les cubes de courge doivent être confits. Prolongez la cuisson si nécessaire.

3. Pendant ce temps, préparez le quinoa. Rincez abondamment les graines de quinoa à l'eau froide. Versez dans une casserole et ajoutez 45 cl d'eau avec ½ cuillerée à café de sel. Portez à ébullition, puis laissez cuire à feu moyen 10 minutes environ. Retirez du feu et laissez gonfler à couvert les graines de quinoa 5 minutes.

4. Préparez dans un bol la vinaigrette en mélangeant la moutarde, le miel et le vinaigre avec l'huile de pépins de courge. Salez et poivrez à votre convenance. Dans un saladier, mélangez délicatement les dés de courge confits, le quinoa et les échalotes émincées avec ⅔ de la vinaigrette.

5. Répartissez la salade de quinoa dans 4 assiettes et arrosez du reste de vinaigrette. Parsemez de quelques graines de courge et d'herbes ciselées si vous le souhaitez.

Le + Forme

Les courges à chair orangée sont riches en carotènes, un pigment végétal qui protège la peau d'un vieillissement prématuré.

SOUPE DE TOMATES
et quinoa au pistou

SPÉCIAL ANTI-ÂGE · SPÉCIAL VEGGIE · SPÉCIAL DÉTOX · SUPER DIGESTE

POUR 4 PERSONNES / PRÉPARATION : 20 MIN / CUISSON : 50 MIN

INGRÉDIENTS : 1 kg de tomates bien mûres • 1 belle pomme de terre • 50 g de quinoa • 30 g de Grana Padano ou parmesan • 8 gressins au sésame • 2 gousses d'ail • 1 bouquet de basilic • 2 cuil. à soupe d'huile d'olive • sel et poivre du moulin

1. Pelez les tomates après les avoir ébouillantées pendant 3 minutes dans une casserole d'eau. Coupez-les en dés et éliminez une partie des graines. Pelez la pomme de terre, lavez-la et coupez-la en dés. Rincez le basilic, effeuillez-le et hachez-le, sauf quelques feuilles que vous garderez pour le service. Pelez et hachez l'ail.

2. Rincez le quinoa sous l'eau, dans une passoire fine. Faites cuire le quinoa pendant 20 minutes à l'eau bouillante salée, puis égouttez-le.

3. Faites chauffer l'huile dans une cocotte. Ajoutez l'ail haché et les dés de pomme de terre. Laissez cuire 2 minutes en remuant, à feu doux, sans laisser colorer. Mettez les dés de tomates, le basilic haché, du sel et du poivre. Ajoutez 40 cl d'eau, couvrez et laissez cuire 20 minutes.

4. Mixez la soupe et remettez-la sur le feu. Ajoutez le quinoa et faites chauffer 3 minutes en remuant. Rectifiez l'assaisonnement. Répartissez la soupe dans des assiettes creuses. Saupoudrez de Grana Padano et décorez d'une feuille de basilic. Accompagnez de gressins au sésame.

Le + Forme

En alternative aux petites pâtes dans les soupes, pensez au quinoa ! Sans gluten, il est digeste et riche en minéraux.

VELOUTÉ BLANC
de topinambours

SANS GLUTEN · SPÉCIAL VEGGIE · SUPER DIGESTE

POUR 4 PERSONNES / PRÉPARATION : 20 MIN / CUISSON : 15 À 20 MIN

INGRÉDIENTS : 800 g de topinambours • 1 l de lait demi-écrémé (ou de lait végétal) • 15 cl de crème de soja • sel et poivre du moulin

1. Épluchez soigneusement les topinambours. Lavez-les et coupez-les en morceaux de taille identique.

2. Mettez les topinambours dans une casserole et recouvrez-les du lait. Salez légèrement. Amenez doucement à la limite de l'ébullition et faites cuire 15 minutes environ à frémissements, jusqu'à ce que les topinambours soient très tendres. Écumez au fur et à mesure.

3. Mettez les topinambours dans le bol d'un blender avec très peu du lait de cuisson. Mixez-les en purée lisse. Ajoutez au fur et à mesure juste assez de crème pour obtenir une consistance onctueuse et suffisamment fluide. Versez le velouté dans une casserole propre et réchauffez-le. Goûtez et rectifiez l'assaisonnement.

4. Versez le velouté très chaud dans de jolies verrines. Servez tel quel ou parsemez en surface quelques lamelles de bacon grillé.

Le + Forme

Une soupe onctueuse à la saveur très douce, riche en calcium, idéale pour les ados et les séniors.

SOUPE DE BLETTES
et de lardons

SANS GLUTEN · SANS LACTOSE · SPÉCIAL ANTI-ÂGE · SUPER DIGESTE

POUR 4 PERSONNES
PRÉPARATION : 20 MIN
CUISSON : 35 MIN

INGRÉDIENTS

1 botte de blettes fines
125 g de lardons
3 belles pommes de terre
1 oignon
1 gousse d'ail
1 tablette de bouillon de légumes
Huile d'olive

1. **Pelez** les pommes de terre, lavez-les et coupez-les en morceaux. Pelez et hachez l'oignon et l'ail. Rincez les blettes sous l'eau froide. Éliminez la côte centrale et hachez les feuilles très finement.

2. **Faites dorer** dans une cocotte les lardons, l'oignon, l'ail et les pommes de terre avec 1 cuillerée à soupe d'huile d'olive. Laissez dorer à feu doux pendant 5 minutes en remuant. Ajoutez 60 cl d'eau et la tablette de bouillon de légumes. Couvrez et laissez cuire 20 minutes.

3. **Écrasez** grossièrement les pommes de terre dans le bouillon avec un presse-purée. Ajoutez les feuilles de blettes finement émincées et laissez cuire encore 10 minutes.

4. **Servez** la soupe très chaude, sans la mixer, avec un filet d'huile d'olive.

Le + Forme

Les blettes sont d'excellents légumes, concentrés en fer, en carotènes et en calcium, comme l'épinard. Elles gagneraient à être consommées plus régulièrement !

JULIENNE DE LÉGUMES au lard et au cerfeuil

SANS LACTOSE · SPÉCIAL ANTI-ÂGE · SUPER ALIMENT · SUPER DIGESTE

POUR 4 PERSONNES
PRÉPARATION : 20 MIN
CUISSON : 25 MIN

INGRÉDIENTS

- 2 carottes
- 2 navets
- 1 pomme de terre
- 1 poireau
- 1 gousse d'ail
- 5 brins de cerfeuil
- 120 g de lardons fumés
- 1 tablette de bouillon de légumes
- 60 g de baguette au sésame légèrement rassise
- 1 cuil. à soupe d'huile d'olive
- Poivre du moulin

1. Pelez et lavez les carottes, les navets et la pomme de terre. Émincez-les en fine julienne. Fendez le poireau en deux, passez-le sous l'eau froide, puis émincez-le finement. Recoupez les lardons en fins bâtonnets. Pelez l'ail. Rincez le cerfeuil et effeuillez-le délicatement.

2. Faites chauffer l'huile dans une cocotte. Ajoutez les lardons et faites-les dorer 3 minutes à feu vif en remuant. Ajoutez les légumes émincés et laissez dorer encore 3 minutes en remuant. Mouillez avec 75 cl d'eau, ajoutez le bouillon et poivrez. Couvrez et laissez mijoter à feu doux 20 minutes.

3. Coupez la baguette en fines tranches. Faites-les dorer dans un grille-pain pendant 2 minutes. Frottez-les à l'ail et recoupez-les en croûtons. Répartissez la soupe dans 4 assiettes creuses. Ajoutez les croûtons, le cerfeuil et dégustez aussitôt.

Le + Forme

Les lardons sont facultatifs : pour un bouillon vegan, éliminez-les et doublez la quantité de cerfeuil.

MINESTRONE
de riz rond, lentilles et pois cassés

SANS GLUTEN · SPÉCIAL ANTI-ÂGE · SPÉCIAL VEGGIE · INDEX GLYCÉMIQUE BAS

POUR 6 PERSONNES / PRÉPARATION : 25 MIN / CUISSON : 30 MIN

INGRÉDIENTS : 160 g de riz rond demi-complet • 65 g de lentilles corail • 40 g de lentilles vertes • 55 g de pois cassés • 1 carotte • 1 navet • 1 poireau • 1 branche de céleri • 1 oignon • 3 gousses d'ail • 2 feuilles de laurier • 60 g de parmesan • 2 ou 3 cuil. à café de gros sel • huile d'olive • poivre du moulin

1. Pelez la carotte et le navet, et coupez-les en petits dés. Retirez la base et la partie la plus verte du poireau, coupez-le en quatre dans la longueur et lavez-le sous un jet d'eau froide. Lavez le céleri. Émincez finement le poireau et le céleri. Pelez et ciselez l'oignon. Pelez, dégermez et écrasez les gousses d'ail avec le plat d'un couteau.

2. Dans une cocotte, faites suer 5 minutes dans 2 cuillerées à soupe d'huile d'olive tous les légumes sauf l'ail. Ajoutez le riz, les pois cassés, les lentilles et les feuilles de laurier. Versez 2 l d'eau sur les légumes, salez et portez à ébullition. Couvrez et laissez mijoter 25 minutes.

3. À la fin de la cuisson, rectifiez l'assaisonnement si nécessaire et poivrez. Ajoutez les gousses d'ail écrasées. Répartissez le minestrone dans des assiettes. Arrosez-le d'un filet d'huile d'olive et parsemez de parmesan coupé en fins copeaux.

Le + Forme

Les légumineuses associées au riz et au parmesan représentent un apport en protéines d'excellente qualité, qui remplace celui de la viande.

SOUPE DE PANAIS
aux noisettes

SANS GLUTEN • SPÉCIAL ANTI-ÂGE • SPÉCIAL VEGGIE • SUPER DIGESTE

POUR 4 PERSONNES / PRÉPARATION : 20 MIN / CUISSON : 30 MIN

INGRÉDIENTS : 2 panais • 2 carottes • 1 petit navet • 1 pomme de terre • 50 g de noisettes décortiquées • 1 tablette de bouillon de légumes • 2 cuil. à soupe de mascarpone • 5 brins de persil plat • 1 cuil. à soupe d'huile de noisette • poivre du moulin

1. Pelez les carottes, les panais, le navet et la pomme de terre. Lavez-les, puis coupez-les en dés. Rincez le persil et effeuillez-le.

2. Dans une cocotte, portez 75 cl d'eau à ébullition. Ajoutez la tablette de bouillon de légumes, du poivre, tous les légumes découpés et la moitié du persil. Couvrez et laissez cuire 25 minutes à feu moyen. Quand le potage est cuit, mixez-le, rectifiez l'assaisonnement et gardez au chaud.

3. Faites dorer dans une poêle antiadhésive les noisettes 5 minutes à feu doux, sans matière grasse. Puis hachez-les grossièrement.

4. Au moment de servir, ajoutez au potage le mascarpone, l'huile de noisette et mélangez. Versez la soupe dans des assiettes creuses, saupoudrez de noisettes hachées et décorez de persil.

Le + Forme

Le panais est un délicieux légume concentré en minéraux. Son apport calorique est léger (50 Kcal pour 100 g environ).

SOUPE ORANGE
à l'orge perlé

SPÉCIAL ANTI-ÂGE · SPÉCIAL VEGGIE · INDEX GLYCÉMIQUE BAS · SPÉCIAL DÉTOX · SUPER DIGESTE

POUR 4 PERSONNES
PRÉPARATION : 25 MIN
CUISSON : 45 À 50 MIN

INGRÉDIENTS

1 courge butternut
2 carottes
1 pomme de terre
50 g d'orge perlé
1 petit oignon
4 brins de persil plat
1 tablette de bouillon de légumes
15 g de beurre
Sel et poivre du moulin

1. **Pelez** la courge et coupez-la en dés en éliminant toutes les graines. Pelez les carottes et la pomme de terre, lavez-les et coupez-les en dés. Pelez et hachez l'oignon. Rincez le persil et effeuillez-le.

2. **Faites cuire** l'orge perlé pendant 20 minutes dans 1 l d'eau additionnée de la tablette de bouillon de légumes. Égouttez-le lorsqu'il est tendre. Réservez.

3. **Dans une cocotte,** portez à ébullition 1 l d'eau salée et légèrement poivrée. Ajoutez tous les légumes, couvrez et laissez cuire 25 minutes à feu moyen.

4. **Mixez le potage,** rectifiez l'assaisonnement. Ajoutez l'orge perlé et réchauffez 2 minutes sur feu doux. Hors du feu, ajoutez le beurre, quelques feuilles de persil et servez.

Le + Forme

Un potage riche en glucides complexes et en fibres, idéal comme base d'un dîner léger. Complétez avec une salade, du fromage et un fruit.

SOUPE de petit épeautre aux légumes primeurs

SANS LACTOSE · SPÉCIAL ANTI-ÂGE · SPÉCIAL VEGAN · INDEX GLYCÉMIQUE BAS · SPÉCIAL DÉTOX · SUPER DIGESTE

POUR 6 PERSONNES / PRÉPARATION : 25 MIN / CUISSON : 45 À 50 MIN

INGRÉDIENTS : 200 g de petit épeautre de Haute-Provence en grains • 1 botte d'asperges vertes • 750 g de petits pois frais • 3 carottes primeurs • 1 botte d'oignons nouveaux • 1 tête d'ail nouveau ou 2 gousses d'ail sec • 1 feuille de laurier • 2 branches de thym frais • ½ branche de romarin frais • 2 cuil. à soupe d'huile d'olive + un peu pour le service • 2 cuil. à café de gros sel • sel et poivre du moulin

1. Lavez les oignons et l'ail, émincez-les finement en conservant 10 cm de tige. Écossez les petits pois. Lavez les carottes et coupez-les en rondelles. Lavez les asperges, retirez la partie dure de la base et coupez-les en rondelles de 1 ou 2 cm en conservant les pointes. Rincez le petit épeautre.

2. Dans une cocotte, faites suer 2 minutes à l'huile d'olive les oignons et l'ail émincés. Versez 1,5 l d'eau et le gros sel, et portez à ébullition. Ajoutez le petit épeautre, le laurier, le thym et le romarin, couvrez et laissez mijoter 45 minutes à feu doux. Dix minutes avant la fin de la cuisson, ajoutez les légumes primeurs. Salez selon votre goût et poivrez.

3. Servez la soupe très chaude avec un filet d'huile d'olive.

Le + Forme

Le petit épeautre est une céréale traditionnelle, dont la valeur nutritive est élevée. Elle contient aussi moins de gluten que le blé moderne.

SOUPE DE POIS CHICHES
au cumin, mouillettes au fromage de brebis

SPÉCIAL ANTI-ÂGE · SPÉCIAL VEGGIE · INDEX GLYCÉMIQUE BAS · SUPER DIGESTE

POUR 4 PERSONNES / PRÉPARATION : 25 MIN / CUISSON : 25 MIN

INGRÉDIENTS : 300 g de pois chiches en bocal • 120 g de fromage de brebis frais • 100 g de baguette au pavot • 2 pincées de cumin en poudre • 1 carotte • 1 poireau • 1 courgette • 1 poivron vert • 1 gousse d'ail • 4 tiges de coriandre • huile d'olive • sel et poivre du moulin

1. Pelez la carotte, lavez-la et coupez-la en dés. Fendez le poireau en deux, rincez-le sous l'eau courante et émincez-le. Lavez la courgette et le poivron et coupez-les en petits dés (éliminez les graines du poivron). Rincez la coriandre, effeuillez-la délicatement et réservez-la pour décorer les assiettes. Pelez et hachez l'ail. Égouttez et rincez les pois chiches.

2. Dans une cocotte, portez 75 cl d'eau à ébullition. Mettez l'ail et tous les légumes, sauf les pois chiches. Salez, poivrez et ajoutez le cumin en poudre. Couvrez et laissez mijoter 20 minutes à feu moyen. Ajoutez les pois chiches et laissez chauffer 5 minutes supplémentaires.

3. Mixez le potage et rectifiez l'assaisonnement. Découpez la baguette en 4 parts, découpez ces morceaux en mouillettes et tartinez-les de fromage de brebis. Saupoudrez de poivre et arrosez de quelques gouttes d'huile d'olive.

4. Répartissez le potage bien chaud dans des assiettes creuses. Décorez d'un filet d'huile et de feuilles de coriandre. Servez les mouillettes à part.

Le + Forme

Plat complet équilibré, ce potage est parfait pour le déjeuner au bureau. Complétez avec un fruit frais.

BOUILLON DE POULET
citronnelle, touche de coco

SANS GLUTEN · SANS LACTOSE · SUPER DIGESTE

POUR 4 PERSONNES
PRÉPARATION : 20 MIN
CUISSON : 20 À 25 MIN

INGRÉDIENTS

1 cuisse de poulet
2 tiges de citronnelle
10 g de champignons noirs déshydratés
1 carotte
4 cives
1 petit piment rouge
1 tablette de bouillon de légumes bio
10 cl de lait de coco
Sel et poivre du moulin

1. Portez à ébullition 1,2 l d'eau dans une casserole. Faites tremper les champignons dans un grand bol d'eau froide pendant 15 minutes, égouttez-les, puis émincez-les. Pelez, lavez et coupez la carotte en dés. Rincez les cives, émincez-les. Coupez la citronnelle en rondelles. Retirez la peau du poulet.

2. Ajoutez dans l'eau bouillante la tablette de bouillon, la carotte, la moitié des cives, les champignons, le piment, la citronnelle et la cuisse de poulet. Salez, poivrez et laissez mijoter 20 minutes.

3. Coupez la viande en très petits dés, enlevez l'os. Remettez la viande dans le bouillon, ôtez le piment. Ajoutez le lait de coco, réchauffez 2 minutes et servez avec le reste des cives émincées.

Le + Forme

Pour un bouillon vegan, remplacez le poulet par 2 blancs de poireaux finement émincés.

BOUILLON de légumes anciens au cerfeuil

SANS GLUTEN · SANS LACTOSE · SPÉCIAL ANTI-ÂGE · SPÉCIAL VEGAN · SPÉCIAL DÉTOX · SUPER DIGESTE

POUR 4 PERSONNES
PRÉPARATION : 25 MIN
CUISSON : 20 MIN

INGRÉDIENTS

1 panais
1 carotte violette
1 navet jaune
1 oignon
1 botte de cerfeuil
1 tablette de bouillon de légumes bio
1 brin de thym
1 feuille de laurier
Poivre du moulin

1. **Pelez** le panais, le navet, la carotte et l'oignon. Coupez-les en petits dés. Lavez le cerfeuil, prélevez-en le quart pour le hacher et faites une botte avec le reste.

2. **Portez** à ébullition 1,5 l d'eau avec le thym et le laurier. Ajoutez la tablette de bouillon, les légumes coupés en dés et la botte de cerfeuil. Poivrez et laissez mijoter 20 minutes à feu doux.

3. **Pour servir,** retirez le thym et le laurier, filtrez le bouillon et ajoutez le cerfeuil haché.

Le + Forme

Un bouillon très concentré en minéraux (calcium, potassium, fer, magnésium), car les légumes anciens en sont riches.

BOUILLON AU PISTOU, perles de tapioca

SANS GLUTEN · SANS LACTOSE · SPÉCIAL ANTI-ÂGE · SPÉCIAL VEGAN · SPÉCIAL DÉTOX · SUPER DIGESTE

POUR 4 PERSONNES

PRÉPARATION : 25 MIN

CUISSON : 40 MIN

INGRÉDIENTS

1 bouquet de basilic

2 tomates bien mûres

1 petit poivron rouge

2 gousses d'ail

3 cuil. à soupe de perles de tapioca

2 cuil. à soupe d'huile d'olive

1 tablette de bouillon de légumes bio

Sel et poivre du moulin

1. Portez à ébullition 1,2 l d'eau dans une casserole, avec la tablette de bouillon.

2. Lavez et découpez les tomates et le poivron épépiné en petits morceaux. Jetez-les dans l'eau bouillante, ajoutez quelques feuilles de basilic et laissez mijoter 25 minutes à feu doux. Filtrez et remettez le bouillon sur le feu. Ajoutez les perles de tapioca et laissez cuire 15 minutes à feu doux.

3. Pelez et hachez l'ail. Rincez et effeuillez le reste du basilic. Mixez l'ail, le basilic et l'huile d'olive. Salez et poivrez.

4. Répartissez le bouillon aux perles de tapioca dans 4 bols, ajoutez une touche de pistou et servez.

Le + Forme

Le tapioca est issu de l'amidon d'une racine tropicale. Dépourvu de gluten et de fibres, il est particulièrement bien toléré par les personnes souffrant de colon irritable.

BOUILLON de crevettes au curry vert

SANS GLUTEN · SANS LACTOSE · SPÉCIAL ANTI-ÂGE · SPÉCIAL DÉTOX · SUPER DIGESTE

POUR 4 PERSONNES
PRÉPARATION : 25 MIN
CUISSON : 30 MIN

INGRÉDIENTS

- 200 g de crevettes surgelées décortiquées crues
- ½ cuil. à café de pâte de curry vert
- 1 tige de citronnelle
- 1 morceau de galanga (ou de gingembre)
- 2 tomates pelées
- 1 échalote
- 2 cives
- Le jus de 1 citron vert
- 1 cuil. à soupe d'huile de coco
- 10 brins de coriandre
- 1 tablette de bouillon de légumes bio
- 4 cuil. à café de nuoc-mâm
- Poivre du moulin

1. **Pelez** et hachez l'échalote. Coupez les tomates pelées en dés. Pelez le galanga, coupez-le en fins bâtonnets. Rincez et émincez les cives. Effeuillez la coriandre. Fendez le bâton de citronnelle.

2. **Mettez** l'huile de coco dans une cocotte et faites revenir à feu vif les crevettes, rincées et épongées. Disposez-les sur une assiette.

3. **Versez** dans la cocotte non rincée l'échalote, le combava, la moitié des cives, la citronnelle et de la coriandre. Laissez mijoter 5 minutes, puis versez 1,2 l d'eau. Ajoutez le curry vert et la tablette de bouillon. Poivrez et laissez mijoter 20 minutes à feu moyen.

4. **Au moment de servir,** filtrez le bouillon. Ajoutez les crevettes, faites chauffer 3 minutes à feu doux. Versez dans 4 bols. Ajoutez le reste des cives et de la coriandre, le jus de citron et le nuoc-mâm.

Le + Forme

Un bouillon revigorant grâce au curry vert, pâte de piment qui réchauffe l'organisme rapidement. À consommer aussi bien en hiver (bien chaud), qu'en été (plutôt tiède).

FOND BLANC
de volaille

SANS GLUTEN · SANS LACTOSE · SPÉCIAL DÉTOX · SUPER DIGESTE

POUR 1 L / PRÉPARATION : 30 MIN / CUISSON : 3-4 H / RÉFRIGÉRATION : QUELQUES HEURES

INGRÉDIENTS : 1 kg de carcasse de poulet • 200 g de poireaux • 100 g de carottes • 100 g d'oignons • 50 g de céleri-branche • 1 bouquet garni • 4 grains de poivre • 1 clou de girofle

1. **Concassez** finement la carcasse. Mouillez à l'eau froide, portez à ébullition et laissez frémir quelques minutes. Égouttez les éléments et rincez-les à l'eau froide pour enlever les impuretés.

2. **Dans la marmite,** replacez les éléments, mouillez avec 1,5 l d'eau froide, portez de nouveau à ébullition et écumez si nécessaire.

3. **Épluchez** et lavez les légumes, taillez en tronçons les carottes, confectionnez le bouquet garni. Coupez les oignons en deux et piquez le clou de girofle. Ficelez les poireaux en botte avec le céleri-branche.

4. **Ajoutez** les légumes et les aromates dans la marmite, maintenez la cuisson pendant 3 heures à petits bouillons. En fin de cuisson, passez le fond à la passoire fine. Laissez refroidir au réfrigérateur, puis retirez la couche de graisse superficielle.

Le + Forme

Vous pouvez consommer le fond blanc de volaille tel quel ou l'utiliser comme liquide de mouillement pour les potages et veloutés ou en remplacement d'une partie de l'huile dans les vinaigrettes.

SOUPE MISO
au tofu et aux petits légumes

SANS GLUTEN · SANS LACTOSE · SPÉCIAL ANTI-ÂGE · SPÉCIAL VEGGIE · SPÉCIAL VEGAN · INDEX GLYCÉMIQUE BAS · SUPER ALIMENT · SPÉCIAL DÉTOX · SUPER DIGESTE

POUR 4 PERSONNES / PRÉPARATION : 20 MIN / CUISSON : 15 MIN

INGRÉDIENTS : 100 g de tofu fumé ou nature (voir p. 26) • 3 cuil. à soupe de pâte de miso • 150 g de chou chinois • 5 radis rouges • 3 cives • 1 carotte • 2 cuil. à soupe de tamari (sauce soja sans gluten) • 10 tiges de coriandre • poivre du moulin

1. **Pelez** et lavez la carotte. Coupez-la en très petits dés. Rincez le chou chinois et émincez-le. Rincez les radis, éliminez les feuilles et la radicelle, puis coupez-les en fins bâtonnets. Rincez et hachez les cives. Rincez la coriandre et effeuillez-la.

2. **Dans une cocotte,** portez 75 cl d'eau à ébullition. Ajoutez la pâte de miso, le tamari, les légumes et du poivre. Laissez cuire à découvert et sur feu moyen pendant 15 minutes.

3. **Découpez** le tofu en fines lamelles et répartissez-le dans 4 bols. Versez par-dessus la soupe bouillante, décorez de feuilles de coriandre et servez aussitôt.

Le + Forme

Le miso, pâte de soja fermentée, est concentré en protéines et en ferments naturels, à condition d'être consommé frais (rayon frais des magasins japonais ou bio).

SANS LACTOSE

Gratiner sans fromage

Pour gratiner gourmand, deux options : opter pour un fromage sans lactose (vendu en grandes surfaces), ou remplacer le fromage râpé par une chapelure maison. Mixez 40 g de pain rassis, 30 g de noisettes, 1 pincée de pétales de maïs. Saupoudrez la surface du plat et parsemez de quelques noisettes de margarine riche en Oméga 3. Passez sous le gril pour dorer.

SPÉCIAL VEGAN

Bien digérer les légumineuses

Les légumineuses sont une base incontournable, mais comment les cuisiner pour bien les digérer ? Ajoutez dans la cocotte un petit morceau d'algue kumbu (laminaire) que vous aurez préalablement fait tremper pendant 1 heure dans un saladier rempli d'eau.

SUPER ALIMENT

Le geste vert

Prenez l'habitude d'ajouter une bonne pincée d'herbes fraîches hachées dans au moins un plat de votre menu : des plus classiques (persil, ciboulette, basilic...) aux plus exotiques (basilic chinois, coriandre...).

SUPER DIGESTE

Cuisson au four

Facile et digeste, la cuisson au four est ultra pratique. Vous disposez les aliments dans le four, et en 30 à 40 min, c'est prêt ! Les aliments cuits au four ne nécessitent que très peu (ou pas) de matière grasse : légers en calories, ils sont aussi très faciles à digérer.

SANS GLUTEN

Les sauces sans gluten

Pour épaissir une sauce sans ajouter de farine de blé, pensez à l'amidon de maïs (Maïzena®). Pour une béchamel express : mélangez 20 g d'amidon de maïs et 35 cl de lait. Portez à ébullition, et cuisez 1 minute en remuant. Salez, poivrez, ajoutez de la noix de muscade râpée et 1 noix de beurre.

INDEX GLYCÉMIQUE BAS

Améliorer l'IG du riz

Le riz est réputé pour son index glycémique relativement élevé. On peut cependant en améliorer le score.

- Optez pour un riz semi complet, pour du riz noir ou du riz rouges complets dont l'IG est plus bas que celui du riz blanc.
- Faites cuire le riz al dente.
- Servez-le associé à des légumes (champignons, courgette, poivron, asperges, oignon...) et à des graines oléagineuses qui ralentissent la digestion (amandes, noisettes, noix hachées...).

Plats & accompagnements

SPÉCIAL DÉTOX

Voyez la vie en jaune

Avec le curcuma, dont la saveur très douce se marie à tous les aliments ! Cette épice indienne présente un pouvoir détoxifiant au niveau hépatique, utilisez-la régulièrement. Le curcuma se saupoudre partout : vinaigrettes et sauces, purées, croquettes, wok, plats mijotés... Il colore également les desserts : semoule au lait, gâteau de riz, sablés, cakes...

SPÉCIAL VEGGIE

Les œufs sous toutes leurs formes

Dans la mesure où vous ne mangez ni viande ni poisson, la consommation d'œufs, qui les remplace, n'est pas particulièrement limitée. Les œufs permettent d'enrichir de nombreux plats, pensez à les intégrer dans vos recettes, surtout si vous ne les appréciez pas en plat principal. Sources de vitamines et d'oligoéléments, ils apportent des lipides insaturés bénéfiques au système cardiovasculaire.

• Œufs en plat principal : omelette, œufs au plat, œufs cocotte, œufs pochés et brouillés.

• Les cakes salés, les tartes salées, les crêpes, les galettes et croquettes sont aussi une façon de consommer des œufs. Intégrés dans un plat, les œufs sont beaucoup mieux tolérés et parfaitement digestes.

• Pour compléter un menu léger, pensez aux œufs au lait, aux crèmes desserts maison et aux flans.

Choisissez toujours des œufs très frais (voir date sur l'emballage) et issus de l'agriculture biologique, dont la saveur et la concentration en nutriments santé sont optimales.

SPÉCIAL ANTI-ÂGE

La bonne cuisson

Pour préserver le capital nutritionnel des légumes, optez pour la cuisson « al dente », qui évite la destruction massive des anti-oxydants et vitamines. Faites cuire les légumes découpés en petits morceaux 5 minutes à la vapeur, à la plancha ou au wok, à feu vif. Ils doivent rester colorés et croquants.

TARTARE
de saint-jacques à la truffe

SANS GLUTEN · SANS LACTOSE · SPÉCIAL DÉTOX · SUPER DIGESTE

POUR 4 PERSONNES
PRÉPARATION : 10 MIN

INGRÉDIENTS

400 g de noix de saint-jacques
1 barquette de shiso vert
1 germe de betterave
100 g de pomme granny-smith
Le zeste de ½ citron
1 pincée de piment d'Espelette
10 ml d'huile d'olive vierge
2 brins de cerfeuil
1 pincée de poivre du moulin
Sel

Pour la vinaigrette aux truffes :

35 ml de jus de truffe
10 ml d'huile d'arachide
5 ml de jus de citron
10 ml d'huile de truffe
8 g de truffes noires hachées (facultatif)

1. **Taillez** finement les noix de saint-jacques au couteau, ajoutez le zeste râpé du citron, le sel, le piment, l'huile d'olive et le cerfeuil ciselé.

2. **Réalisez** la vinaigrette aux truffes noires : mélangez au fouet le jus de truffe, l'huile d'arachide, le jus de citron et l'huile de truffe, assaisonnez et réservez.

3. **Dressez** de façon harmonieuse les noix de saint-jacques dans un cercle de forme allongée, posez dessus le germe de betterave et les bâtonnets croisés de pomme granny-smith, « saucez » avec la vinaigrette aux truffes et décorez avec le shiso vert et les truffes hachées.

Le + Forme

Les noix de saint-jacques sont peu calories et riches en protéines. Elles contiennent également du zinc et de l'iode, qui régulent le fonctionnement cellulaire.

COCOTTE DE VEAU, légumes et tapenade

SANS GLUTEN · SANS LACTOSE · SUPER DIGESTE

POUR 4 PERSONNES
PRÉPARATION : 35 MIN
CUISSON : 1 H À 1 H 15

INGRÉDIENTS

600 g de longe de veau
400 g de pommes grenailles
250 g de navets ronds
200 g de carottes
200 g de pois gourmands
2 cuil. à soupe d'huile d'olive
1 cube de bouillon de volaille
4 cuil. à café de tapenade
Sel et poivre du moulin

Pour la garniture aromatique :

4 gousses d'ail
1 oignon
1 branche de céleri
Laurier, thym, basilic selon votre goût

1. Mettez le cube de bouillon dans 1 l d'eau et portez à ébullition. Préparez la garniture aromatique : épluchez l'ail et l'oignon, coupez-les en dés. Lavez le céleri et coupez-le en dés. Ciselez le laurier, le thym et le basilic (réservez une feuille pour le décor).

2. Dans une cocotte, chauffez l'huile d'olive. Faites-y dorer la longe de veau 3 minutes de chaque côté. Ajoutez la garniture aromatique, salez et poivrez. Mouillez à mi-hauteur avec le bouillon de volaille. Laissez mijoter 30 minutes environ à four moyen (160-180 °C ou th. 5-6).

3. Préparez les légumes. Pelez les carottes et les navets et coupez-les en bâtonnets. Lavez les pommes grenailles et coupez-les en 2 ou 3 rondelles. Plongez les pois gourmands 3 minutes environ dans de l'eau bouillante salée. Rafraîchissez aussitôt après cuisson pour garder les légumes verts.

4. Ajoutez les légumes et les pommes grenailles dans la cocotte et laissez cuire 30 minutes environ. Les pois gourmands ne seront ajoutés qu'à la fin de la cuisson pendant 2 minutes. Laissez réduire le jus afin qu'il soit légèrement sirupeux.

5. Servez chaud en ajoutant 1 cuillerée à café de tapenade par assiette et une feuille de basilic.

Le + Forme

Un plat mijoté léger qui conserve tous les minéraux des légumes et de la viande. Vous pouvez aussi y intégrer des légumes anciens : panais, rutabaga, crosnes…

PILAF
de riz rouge

SANS GLUTEN · SANS LACTOSE · SPÉCIAL ANTI-ÂGE · SPÉCIAL VEGAN · INDEX GLYCÉMIQUE BAS · SUPER DIGESTE

POUR 4 PERSONNES / PRÉPARATION : 20 MIN / CUISSON : 30 MIN

INGRÉDIENTS : 240 g de riz rouge • 60 g d'oignons • 2 cuil. à café d'huile d'olive • 6 cl de bouillon de légumes (voir p. 166) • 1 bouquet garni • 2 pincées de gros sel • sel fin et poivre blanc du moulin

1. **Préchauffez** le four à 180 °C (th. 6).

2. **Épluchez** et ciselez finement les oignons. Dans une cocotte passant au four, chauffez l'huile d'olive. Faites-y suer les oignons sans coloration.

3. **Ajoutez** le riz et mouillez avec le bouillon de légumes. Assaisonnez avec le gros sel. Ajoutez le bouquet garni. Mélangez bien et couvrez. Faites cuire au four pendant 20 minutes à 180 °C (th. 6).

4. **Au terme de la cuisson,** retirez du four, salez et poivrez à votre convenance.

Le + Forme

Pour changer, déclinez cette recette avec du riz noir (riz venere) également source de fibres et d'antioxydants.

ÉMINCÉ DE POULET
aux légumes aigres-doux

SANS GLUTEN · SANS LACTOSE · SPÉCIAL ANTI-ÂGE · SUPER DIGESTE

POUR 4 PERSONNES / PRÉPARATION : 15 MIN / MARINADE : 2 H / CUISSON : 5 MIN

INGRÉDIENTS : 2 belles escalope de poulet fermier • 1 courgette • 1 carotte • 1 échalote finement ciselée ½ céleri-rave • le jus de ½ citron • 2 pincées de curry en poudre • 2 pincées de cumin en poudre • 2 pincées de quatre-épices (ou de mélange pour pain d'épice) • 2 cuil. à soupe de vinaigre de cidre • 1 cuil. à soupe de miel • 1 cuil. à soupe d'huile d'olive • 1 cuil. à café de tamari (sauce soja sans gluten)

1. **Épluchez** la carotte et le céleri. Lavez-les, ainsi que la courgette. Essuyez-les, puis râpez les légumes, si possible à l'aide d'une mandoline. Mélangez-les dans un saladier avec le jus de citron.

2. **Déposez** l'échalote, le vinaigre, le miel et les épices dans une casserole, puis portez à ébullition. Versez le tout sur les légumes, mélangez, puis laissez mariner au moins 2 heures au réfrigérateur.

3. **Émincez** l'escalope de poulet en lanières. Arrosez-les d'huile et de tamari, mélangez, puis faites cuire quelques minutes dans un wok (ou une poêle) à feu moyen, sans cesser de remuer.

4. **Au moment de servir,** déposez un nid de légumes au fond des verrines et ajoutez quelques lanières de poulet tièdes.

Le + Forme

Un plat léger et délicieux parfait pour un déjeuner équilibré. Accompagnez-le d'une tranche de pain complet.

TAJINE DE LENTILLES
aux courgettes

SANS GLUTEN · SANS LACTOSE · SPÉCIAL VEGAN · INDEX GLYCÉMIQUE BAS · SUPER DIGESTE

POUR 4 PERSONNES
PRÉPARATION : 15 MIN
CUISSON : 40 MIN

INGRÉDIENTS

500 g de lentilles vertes
500 g de courgettes à peau fine
2 oignons
1 petit bouquet de persil plat
2 cuil. à soupe d'huile d'olive
1 cuil. à café de curcuma
1 cuil. à café de graines de fenouil
Sel et poivre du moulin

1. **Rincez** les lentilles à l'eau claire et réservez-les. Lavez les courgettes, essuyez-les et coupez-les en fines rondelles. Pelez et émincez les oignons. Pilez les graines de fenouil. Lavez, épongez et ciselez le persil.

2. **Versez** l'huile dans une cocotte, faites chauffer et ajoutez les oignons. Faites-les revenir pendant 3 minutes, puis incorporez les courgettes. Remuez pendant 5 minutes. Mettez enfin les lentilles, puis couvrez d'eau juste à hauteur. Salez et poivrez. Ajoutez le fenouil et le curcuma. Couvrez et laissez mijoter pendant 25 minutes environ.

3. **Ajoutez** le persil ciselé lorsque les lentilles sont pratiquement cuites, et remettez le couvercle pendant 5 minutes hors du feu. Servez bien chaud.

Le + Forme

Cette recette à l'index glycémique faible est parfaite pour un déjeuner léger mais nourrissant. Complétez d'un fruit frais et d'un peu de fromage.

PILAF DE RIZ NOIR, légumes, câpres et graines

SANS GLUTEN ○ SANS LACTOSE ○ SPÉCIAL ANTI-ÂGE ○ SPÉCIAL VEGAN ○ INDEX GLYCÉMIQUE BAS ○ SPÉCIAL DÉTOX ○

POUR 6 PERSONNES

PRÉPARATION : 30 MIN

CUISSON : 30 MIN

INGRÉDIENTS

360 g de riz noir

3 courgettes

3 poivrons verts

3 bulbes de fenouil

1 oignon

1 botte d'oignons nouveaux

1 tête d'ail nouveau

90 g de câpres au vinaigre

2 cuil. à soupe de graines de courge

2 cuil. à soupe de graines de tournesol

1 cuil. à soupe de graines de sésame

1 tablette de bouillon de légumes

6 cuil. à soupe d'huile d'olive

1 cuil. à soupe de vinaigre de cidre

1 cuil. à café de sel

Poivre du moulin

1. Pelez et ciselez l'oignon. Lavez les oignons nouveaux et émincez-les finement en conservant 10 cm de tige. Émincez finement l'ail. Lavez les légumes. Coupez les courgettes en petits dés et émincez finement les autres légumes. Torréfiez ensemble les graines quelques dizaines de secondes dans une poêle chaude, sans cesser de remuer.

2. Portez à ébullition 60 cl d'eau avec la tablette de bouillon. Préchauffez le four à 180 °C (th. 6). Dans une cocotte allant au four, chauffez 2 cuillerées à soupe d'huile avant d'y faire suer l'oignon ciselé pendant 5 minutes. Ajoutez le riz et mélangez avec une cuillère en bois pour bien enrober les grains d'huile. Versez le bouillon, couvrez et mettez au four 20 minutes.

3. Pendant ce temps, dans une poêle, faites revenir quelques minutes les oignons nouveaux et l'ail, puis les légumes séparément avec 1 cuillerée d'huile à chaque fois : ils doivent être encore croquants. Réservez-les. Ajoutez les câpres aux légumes croquants, arrosez de vinaigre, assaisonnez et mélangez.

4. Sortez la cocotte du four et laissez reposer 5 minutes à couvert. Mélangez. Servez le riz pilaf dans la cocotte et les légumes croquants dans un plat creux. Accompagnez-les de graines torréfiées.

Le + Forme

Un plat vegan complet : céréales et graines oléagineuses se complètent parfaitement pour un apport protéique adapté.

CARPACCIO DE CERFEUIL
tubéreux aux noisettes

SANS GLUTEN · SANS LACTOSE · SPÉCIAL VEGAN · SPÉCIAL DÉTOX · SUPER DIGESTE

POUR 4 PERSONNES / PRÉPARATION : 20 MIN / RÉFRIGÉRATION : 1 H / REPOS : 15 MIN

INGRÉDIENTS : 4 cerfeuils tubéreux moyens (400 g environ) • le jus de ½ citron vert • 1 cuil. à soupe de noisettes concassées • 2 cuil. à café de poudre de noisettes • 4 cuil. à soupe d'huile de noix • fleur de sel et poivre du moulin

1. **Épluchez** largement les cerfeuils au couteau économe. Lavez-les, puis épongez-les avec soin. Coupez-les en fines rondelles régulières, si possible à la mandoline. Dans un bol, fouettez l'huile avec la moitié des noisettes en poudre. Réservez.

2. **Étalez** à l'aide d'un pinceau 1 cuillerée à soupe d'huile sur le plat de service, puis saupoudrez le reste des noisettes en poudre. Disposez les rondelles de cerfeuil en cercles sur le plat, en les faisant se chevaucher légèrement. Badigeonnez-les largement avec le reste de l'huile à la noisette, puis arrosez-les du jus de citron. Salez peu et donnez quelques tours de moulin à poivre. Couvrez d'un film alimentaire et mettez 1 heure au réfrigérateur.

3. **Sortez** le plat du réfrigérateur 15 minutes avant de servir. Parsemez les noisettes concassées et un peu de fleur de sel, et dégustez aussitôt.

Le + Forme

Le cerfeuil tubéreux est un légume ancien, très bien pourvu en minéraux. Vous pouvez le remplacer par du radis noir ou des navets doux (boule d'or).

TARTARE DE DAURADE, ciboulette et citron vert

SANS GLUTEN · SANS LACTOSE · SPÉCIAL ANTI-ÂGE · SPÉCIAL DÉTOX · SUPER DIGESTE

POUR 4 PERSONNES / PRÉPARATION : 20 MIN

INGRÉDIENTS : 2 ou 3 filets de daurade (450 g au total) • le jus de ½ citron vert • 2 oignons nouveaux • 10 brins de ciboulette • 1 pincée de piment d'Espelette • 1 cuil. à soupe d'huile d'olive • sel et poivre du moulin

1. **Rincez** les filets de daurade, vérifiez qu'ils ne contiennent pas d'arêtes. Coupez-les en dés et versez-les dans un mini-hachoir électrique. Arrosez copieusement de jus de citron vert, salez, poivrez et hachez-les sommairement. Placez au frais.

2. **Hachez** finement la ciboulette. Pelez et hachez les oignons nouveaux, y compris la partie verte.

3. **Mélangez** la daurade hachée, les oignons, la ciboulette, l'huile d'olive et le piment d'Espelette. Versez ce mélange dans 4 petits ramequins. Dégustez très frais.

Le + Forme

Accompagnez ce plat léger et riche en antioxydants (citron, herbes, piment) d'une belle salade de jeunes pousses et de quinoa.

PINTADE FARCIE,
panais croustillant

SANS GLUTEN · SANS LACTOSE · SPÉCIAL ANTI-ÂGE · SUPER DIGESTE

POUR 4 PERSONNES
PRÉPARATION : 45 MIN
CUISSON : 40 MIN

INGRÉDIENTS

4 pièces de suprême de pintade fermière
500 g de girolles
500 g de cèpes
500 g de panais
100 g de feuilles d'épinards
1 coing
1 échalote
25 cl de jus de volaille
15 cl d'huile de colza
5 cl de vinaigre de framboise
Fleur de sel et poivre du moulin

1. **Préchauffez** le four à 180 °C (th. 6). Lavez et épluchez tous les légumes. Taillez le coing en fines tranches, faites-le vivement sauter à la poêle sans matière grasse. Réservez sur une assiette. Faites vivement sauter les champignons avec un filet d'huile de colza. Salez, poivrez, égouttez-les. Gardez le jus de cuisson.

2. **Taillez** en bâtonnets le panais ; faites-les cuire au four pendant 15 minutes (180 °C, th. 6) avec un filet d'huile de colza et une pincée de fleur de sel, remuez très fréquemment en cours de cuisson.

3. **Ouvrez** les suprêmes de pintade, farcissez-les avec les feuilles d'épinards, les tranches de coing, l'échalote et un tiers des champignons, assaisonnez-les de sel et de poivre.

4. **Colorez** les suprêmes sur les deux faces dans une poêle antiadhésive, avec un filet d'huile de colza. Ajoutez le reste des champignons, rôtissez-les 12 minutes au four à 220 °C (th. 7) et arrosez souvent pendant la cuisson. Réservez au chaud.

5. **Dégraissez** la plaque de cuisson, ajoutez le vinaigre, le jus de volaille et le jus de cuisson des champignons, réduisez de moitié. Servez le tout très chaud.

Le + Forme

Girolles et cèpes vous apportent des minéraux et oligo-éléments précieux. Si vous les appréciez, consommez des champignons sauvages régulièrement, en vous informant sur leur provenance (région non polluée).

BLANCS DE POULET
fermier, fenouil et citron au sel

SANS GLUTEN · SANS LACTOSE · SPÉCIAL ANTI-ÂGE · SUPER DIGESTE

POUR 4 PERSONNES
PRÉPARATION : 20 MIN
CUISSON : 25 MIN

INGRÉDIENTS

4 blancs de poulet
2 fenouils
40 g de citron confit au sel
1 petit oignon
15 pistils de safran
1 cuil. à soupe de coriandre hachée
1 cuil. à soupe d'huile d'olive
Poivre du moulin

1. **Coupez** les blancs de poulet en cubes de 3 cm environ. Lavez puis coupez les fenouils en tranches de 5 mm d'épaisseur. Émincez l'oignon. Coupez le citron en 8 quartiers.

2. **Dans une cocotte,** chauffez l'huile d'olive, faites revenir l'oignon 2 minutes sans coloration. Versez les fenouils, mélangez puis ajoutez les cubes de poulet, poivrez et mélangez bien pendant 2 minutes.

3. **Versez** 20 cl d'eau, le safran et le citron (ne salez pas, le citron est déjà suffisamment salé). Couvrez, portez à ébullition et faites cuire à petits bouillons 15 à 20 minutes.

4. **Au moment de servir,** parsemez sur le poulet la coriandre hachée.

Le + Forme

Les huiles aromatiques contenues dans le fenouil facilitent la digestion. C'est un légume à découvrir, aussi bien cru que cuit.

PANAIS RÔTIS
au miel et au sésame

SANS GLUTEN • SANS LACTOSE • SPÉCIAL VEGGIE • SPÉCIAL DÉTOX • SUPER DIGESTE

POUR 6 PERSONNES / PRÉPARATION : 15 MIN / CUISSON : 45 MIN

INGRÉDIENTS : 1 kg de panais (de taille uniforme) • 3 cuil. à soupe de miel • 3 cuil. à soupe d'huile d'olive • 1 cuil. à soupe de graines de sésame • sel

1. **Épluchez** les panais. Rincez-les et épongez-les. Coupez-les en deux dans la longueur. Mettez-les dans un plat creux avec l'huile d'olive et retournez-les plusieurs fois pour bien les enrober.

2. **Préchauffez** le four à 180 °C (th. 6). Rangez les panais sur une plaque recouverte de papier sulfurisé. Salez. Enfournez et faites cuire 40 minutes environ, jusqu'à ce qu'ils soient tendres et commencent à caraméliser.

3. **Badigeonnez** les panais de miel à l'aide d'un pinceau. Parsemez les graines de sésame. Remettez au four pour 5 minutes. Versez dans un plat chaud avant de servir.

Le + Forme

Un délicieux légume au goût de noisette : les enfants n'y résisteront pas, surtout avec une touche de miel.

PETITS NAVETS boule d'or glacés aux oignons nouveaux

SANS GLUTEN · SANS LACTOSE · SPÉCIAL ANTI-ÂGE · SPÉCIAL VEGGIE · INDEX GLYCÉMIQUE BAS · SUPER ALIMENT · SPÉCIAL DÉTOX · SUPER DIGESTE

POUR 4 PERSONNES / PRÉPARATION : 15 MIN / CUISSON : 20 À 25 MIN

INGRÉDIENTS : 600 g de navets boule d'or (petits) • 16 oignons blancs nouveaux moyens • 30 g de beurre • 3 cuil. à soupe de sucre en poudre • sel

1. **Supprimez** les membranes extérieures et les petites racines des oignons. Coupez la tige en laissant 1 cm de vert tendre. Coupez la tige et le long poil des navets. Pelez-les et rincez-les.

2. **Mettez** les légumes côte à côte dans une large sauteuse. Recouvrez d'eau à hauteur, salez, puis ajoutez le sucre et le beurre. Amenez à petite ébullition, couvrez et faites cuire 10 minutes environ à très petit feu.

3. **Retirez** le couvercle et laissez cuire 10 à 15 minutes, jusqu'à ce qu'il ne reste plus qu'un liquide sirupeux. Remuez régulièrement la sauteuse par le manche ou mélangez délicatement avec une cuillère en bois pour rouler les légumes dans ce sirop et les enrober uniformément.

4. **Versez** dans un légumier chaud et servez aussitôt.

Le + Forme

La cuisson à l'étouffée est idéale pour les légumes racines. Elle concentre les minéraux et rend la texture des légumes très moelleuse

RIZ SAUTÉ aux asperges, poulet et amandes

SANS LACTOSE · SPÉCIAL ANTI-ÂGE · SUPER DIGESTE

POUR 4 PERSONNES
PRÉPARATION : 10 MIN
CUISSON : 30 MIN

INGRÉDIENTS

- 300 g d'escalopes de poulet
- 200 g de riz long grain
- 1 bocal de pointes d'asperges vertes
- 30 g d'amandes effilées
- 60 cl de bouillon de légumes
- 1 oignon rouge finement émincé
- 3 cuil. à soupe d'huile d'olive
- 1 cuil. à soupe de farine (T65)
- 1 cuil. à soupe de persil plat
- ½ cuil. à café de cannelle en poudre
- Sel

1. Égouttez les asperges. Émincez le poulet en lanières, puis salez-les et saupoudrez-les de farine. Dans un wok ou une sauteuse à fond épais, chauffez 1 cuillerée à soupe d'huile à feu moyen et faites-y dorer les lanières de poulet 5 minutes environ. Réservez-les dans un plat creux.

2. Chauffez le reste d'huile dans la sauteuse et faites-y revenir l'oignon 3 minutes, en remuant. Ajoutez la cannelle et mélangez pour bien imprégner l'oignon, puis versez le riz. Remuez 1 minute avant de mouiller avec le bouillon. Portez à ébullition. Baissez le feu, couvrez et laissez frémir 20 minutes, en mélangeant régulièrement.

3. Poêlez les amandes à sec, jusqu'à coloration. Ajoutez au riz le poulet, les pointes d'asperges et le persil. Mélangez et servez chaud, avec les amandes grillées.

Le + Forme

Si vous ne tolérez pas le gluten, remplacez la farine par de la maïzena pour dorer le poulet.

TARTE carotte-chou rouge aux graines

SPÉCIAL ANTI-ÂGE · SPÉCIAL VEGGIE · INDEX GLYCÉMIQUE BAS

POUR 6 PERSONNES
PRÉPARATION : 25 MIN
CUISSON : 45 MIN

INGRÉDIENTS

- 2 carottes
- ½ petit chou rouge
- 100 g de beurre
- 3 œufs
- 20 cl de crème liquide ou végétale
- 10 cl de lait ou de lait végétal
- 150 g de farine de blé T 65 + un peu pour le plan de travail
- 50 g d'une autre farine (seigle, châtaigne, sarrasin...)
- 1 cuil. à café de cannelle en poudre
- ½ cuil. à café de noix de muscade
- Sel et poivre du moulin
- 50 g de graines de courge et de tournesol + un peu pour servir
- Graines de sésame pour servir

1. **Pelez** les carottes. Retirez éventuellement les premières feuilles du chou et ôtez le cœur. Râpez les légumes à la grosse grille. Coupez le beurre en petits morceaux.

2. **Mélangez** du bout des doigts dans un saladier les farines avec le beurre pour former une pâte sablonneuse. Ajoutez 5 cl d'eau et pétrissez jusqu'à obtenir une pâte souple et non collante. Au besoin, ajoutez un peu d'eau. Réservez au frais, le temps de préparer la garniture. Dans un saladier, mélangez les œufs, la crème, le lait, les épices avec ½ cuillerée à café de sel et quelques tours de moulin à poivre. Ajoutez les légumes râpés, les graines de courge et de tournesol, et mélangez à nouveau.

3. **Étalez** la pâte au rouleau à pâtisserie sur le plan de travail fariné et déposez-la dans un plat à tarte de 26 cm de diamètre. Piquez le fond de tarte avec les dents d'une fourchette. Versez doucement la garniture en répartissant les légumes de façon homogène.

4. **Préchauffez** le four à 180 °C. Enfournez pour 45 minutes. Sortez ensuite la tarte du four. Servez-la encore chaude, tiède ou froide. Accompagnez-la d'une salade verte assaisonnée d'une vinaigrette à base de vinaigre balsamique et d'huile de colza, et saupoudrée de graines de courge, de tournesol et de sésame.

Le + Forme

Remplacez le beurre par une margarine riche en oméga 3, pour renforcer vos apports au quotidien.

TOFU SAUTÉ
au basilic thaï

SANS GLUTEN · SANS LACTOSE · SPÉCIAL ANTI-ÂGE · SPÉCIAL VEGAN · SPÉCIAL DÉTOX · SUPER DIGESTE

POUR 4 PERSONNES
PRÉPARATION : 15 MIN
CUISSON : 20 MIN

INGRÉDIENTS

250 g de tofu (voir p. 26)
1 botte de basilic thaï
200 g de petits pois
2 carottes
2 gousses d'ail
2 piments rouges thaïs
20 cl + 2 cuil. à soupe d'huile
5 cuil. à soupe de tamari (sauce soja sans gluten)
1 cuil. à soupe d'huile de sésame
3 cuil. à soupe de sauce végétarienne pour sauté
1 cuil. à soupe de sucre

1. **Coupez** le tofu en dés. Épluchez et coupez les carottes en dés. Écrasez les gousses d'ail et les piments. Rincez et ciselez le basilic thaï. Jetez les petits pois et les carottes dans de l'eau bouillante et laissez-les cuire 10 minutes. Égouttez-les, puis plongez-les dans un grand bol d'eau froide.

2. **Versez** 20 cl d'huile dans le wok et chauffez à feu vif. Faites-y frire le tofu. Dès que les morceaux sont dorés, retirez-les et enlevez le surplus d'huile avec du papier absorbant. Réservez.

3. **Versez** 2 cuillerées à soupe d'huile dans le wok et faites chauffer à feu vif. Ajoutez l'ail et les piments. Écrasez et faites cuire 1 minute. Versez un verre d'eau, puis ajoutez les carottes et les petits pois. Incorporez ensuite le tamari, la sauce végétarienne pour sauté, l'huile de sésame, versez le sucre et remuez bien. Laissez cuire 5 minutes. Hors du feu, ajoutez le tofu, le basilic et mélangez bien.

Le + Forme

Pour un plat moins calorique, ajoutez le tofu simplement découpé en fin de cuisson, sans le faire frire préalablement.

CEVICHE DE GAMBAS
à la noix de coco et safran

SANS GLUTEN — SANS LACTOSE — SPÉCIAL ANTI-ÂGE

POUR 4 PERSONNES
PRÉPARATION : 45 MIN
REPOS : 20 MIN
MARINADE : 2 H

INGRÉDIENTS

20 queues de gambas
½ l de lait de coco
10 pistils de safran du Quercy
3 tomates
1 poivron rouge
1 poivron vert
1 poivron jaune
1 concombre
2 oignons rouges
3 échalotes
2 gousses d'ail
20 g de gingembre
Le jus de ¼ citron vert
1 bâton de citronnelle
1 bouquet de coriandre frais
1 bouquet d'aneth
1 bouquet de ciboulette
10 g de gros sel
Sel et poivre du moulin

1. Portez à ébullition le lait de coco, le jus de citron et le safran. Assaisonnez, joignez le bâton de citronnelle et laissez refroidir. Lavez les poivrons, enlevez la peau, épépinez-les et coupez-les en brunoise. Épluchez les oignons rouges, les échalotes, l'ail, le gingembre et coupez le tout en brunoise. Pelez le concombre, ôtez les pépins, coupez-le en brunoise, ajoutez du gros sel et laissez-le dégorger dans une passoire durant 20 minutes. Rincez à l'eau fraîche et réservez.

2. Ébouillantez les tomates, puis pelez-les. Enlevez la pulpe et coupez la chair en brunoise. Préparez les herbes : une partie hachée, une autre laissée en feuilles pour la décoration. Blanchissez tous les légumes séparément en changeant d'eau à chaque fois et en les gardant croquants, puis plongez-les dans de l'eau glacée. Réservez.

3. Coupez les queues de gambas sur la longueur, blanchissez-les rapidement dans de l'eau salée. Réservez. Une fois tous les ingrédients prêts, placez-les dans la marinade coco-citron. Ajoutez une partie des herbes hachées. Laissez mariner 2 heures au frais. Enlevez le bâton de citronnelle et servez bien glacé dans des assiettes creuses. Dispersez les sommités d'herbes en décoration.

Le + Forme

Sans ajout d'huile, ce plat est léger en calorie et très digeste. Les gambas, pauvres en lipides et riches en protéines, sont bien adaptées à tous ceux qui surveillent leur ligne.

THON MARINÉ,
légumes croquants et mayonnaise au sésame

SANS GLUTEN · SANS LACTOSE · SPÉCIAL ANTI-ÂGE · INDEX GLYCÉMIQUE BAS · SPÉCIAL DÉTOX · SUPER DIGESTE

POUR 4 PERSONNES
PRÉPARATION : 30 MIN
CUISSON : 15 À 20 MIN
MARINADE : 15 MIN

INGRÉDIENTS

600 g de filet de thon
400 g de betterave cuite
300 g de betterave crue
200 g de céleri-rave
100 g de pois gourmands
80 g de carottes
1 œuf
Le jus de 1 citron vert
2 cuil. à café d'huile d'olive
2 cuil. à café d'huile de sésame grillé
1 cuil. à café de tamari (sauce soja sans gluten)
1 cuil. à café de moutarde
Gros sel

1. **Taillez** le céleri, les carottes et les betteraves cuites en tranches de 3 mm d'épaisseur, en réservant le jus de la betterave, puis taillez dans ces tranches des rondelles de 4 cm de diamètre. Cuisez les carottes et le céleri 4 minutes à l'eau bouillante avec du gros sel, puis mettez le tout à mariner dans 1 cuillerée à café d'huile d'olive et le jus de ½ citron.

2. **Cuisez** les pois gourmands 5 minutes à l'eau bouillante, puis taillez-les en julienne. Assaisonnez-les avec quelques gouttes d'huile d'olive et le reste de jus de citron. Taillez le thon en barrettes et mettez-le à mariner 15 minutes dans le tamari et 1 cuillerée à café d'huile de sésame grillé. Allongez avec le jus de betterave.

3. **Confectionnez** une mayonnaise avec la moutarde, l'œuf, le reste d'huile d'olive et d'huile de sésame grillé. Allongez avec le jus de betterave.

4. **Marquez** le thon en cuisson dans une poêle antiadhésive sans matière grasse et colorez-le sur toutes les faces.

5. **Disposez** dans des assiettes les rondelles de légumes égouttées, tel un damier. Faites 3 petits tas de julienne de pois gourmands et déposez-y le thon taillé en 3 cubes. Terminez en mettant la mayonnaise au pinceau.

Le + Forme

Un sauce légère que vous pouvez décliner avec d'autres légumes (jus de carotte, de poivron), beaucoup plus riche en antioxydants et moins riche en lipides qu'une mayonnaise classique.

SAINT-JACQUES RÔTIES,
algues nori et sésame

SANS GLUTEN · SANS LACTOSE · SPÉCIAL ANTI-ÂGE · SUPER ALIMENT · SPÉCIAL DÉTOX · SUPER DIGESTE

POUR 6 PERSONNES / PRÉPARATION : 5 MIN / CUISSON : 8 MIN

INGRÉDIENTS : 18 noix de saint-jacques (ou plus) • 3 feuilles d'algues nori • 4 cuil. à soupe de graines de sésame dorées • 1 cuil. à soupe d'huile d'olive ou d'huile de sésame • sel et poivre du moulin

1. Concassez grossièrement les feuilles d'algues (elles se brisent facilement) et mélangez-les aux graines de sésame. Ajoutez un peu de sel et de poivre.

2. Allumez le gril du four. Badigeonnez les noix avec un peu de l'huile de votre choix, passez-les dans le mélange algues-sésame et posez-les au fur et à mesure dans un plat à four.

3. Faites-les cuire sous le gril pendant 4 minutes de chaque côté, en positionnant le plat à 15 cm des résistances. Servez aussitôt.

Le + Forme

Un plat léger en calories, mais bien pourvu en protéines. Son apport en oligoéléments est particulièrement élevé, surtout en iode, indispensable au bon fonctionnement de la thyroïde. Vous pouvez aussi cuire les saint-jacques pendant 6 minutes à la vapeur en les plaçant dans une assiette creuse posée sur le panier perforé du cuit-vapeur.

HOMARD,
melon à la cardamome et vinaigrette de kiwi

SANS LACTOSE · SPÉCIAL ANTI-ÂGE · SUPER ALIMENT · SPÉCIAL DÉTOX · SUPER DIGESTE

POUR 4 PERSONNES / PRÉPARATION : 20 MIN / CUISSON : 8 MIN

INGRÉDIENTS : 600 g de homard • 500 g de melon • 60 g de pain aux céréales • 3 g de cardamome • coriandre, persil selon votre goût • 1 cuil. à café d'huile d'olive • fleur de sel • **Pour la vinaigrette :** 3 kiwis (150 g) • 2 cuil. à soupe d'huile de pépins de raisin • 1 cuil. à soupe de vinaigre de Xérès • 1 cuil. à café de sirop de menthe • sel et poivre du moulin

1. **Cuisez** le homard dans un court-bouillon salé 8 minutes environ. Laissez refroidir puis décortiquez-le entièrement, taillez-le en rouelles.

2. **Préparez** la vinaigrette de kiwi : pelez à vif les kiwis, mixez-les avec l'huile de pépins de raisin, le vinaigre de Xérès et le sirop de menthe. Salez et poivrez.

3. **Réalisez** des billes de melon, puis poêlez-les avec huile d'olive et la cardamome. Réservez au frais.

4. **Versez** la vinaigrette de kiwi dans une verrine ou une assiette à fond creux, disposez les billes de melon. Posez un toast dessus ainsi que les rouelles de homard. Ajoutez quelques herbes fraîches (coriandre, persil plat) et une touche de fleur de sel.

Le + Forme

Pour une version sans gluten, remplacez tout simplement le pain aux céréales par du pain de mie aux céréales sans gluten, légèrement toasté.

CARPACCIO de saint-jacques, crumble au parmesan

SPÉCIAL ANTI-ÂGE

SUPER DIGESTE

POUR 4 PERSONNES
PRÉPARATION : 25 MIN
CUISSON : 6 MIN

INGRÉDIENTS

12 pièces de saint-jacques de Norvège
1 betterave
1 pomme granny-smith
1 pomme Royal Gala
Graines germées (voir p. 30)
Fleur d'ail
Fleur de pensée
Chips de pommes
5 cl de jus de pomme
2 cl de vinaigre de cidre
1 cuil. à café d'huile de pépins de raisin
1 cuil. à café d'huile d'olive vierge extra
Fleur de sel
Sel et poivre du moulin

Pour le crumble au parmesan :

50 g de parmesan râpé
50 g de farine
10 g de beurre
10 g de poudre d'amandes

1. **Placez** 4 assiettes de présentation au réfrigérateur. À l'aide d'un couteau fin et tranchant, coupez les noix de saint-jacques en fines lamelles. Dressez-les en rosace sur les assiettes. Épluchez et taillez finement la betterave en lamelles, puis en fine julienne. Lavez soigneusement les pommes, taillez-les en petits dés (4 mm environ) en conservant la peau.

2. **Mélangez** le sel au vinaigre de cidre afin de le dissoudre. Ajoutez le poivre moulu, le jus de pomme, l'huile de pépins de raisin et l'huile d'olive. Réservez.

3. **Préparez** le crumble au parmesan : dans un batteur, mettez le beurre, la poudre d'amandes, la farine et le parmesan râpé. Mélangez en première vitesse jusqu'à l'obtention d'une texture sablée. Étalez le mélange sur une feuille de papier cuisson. Faites cuire au four (160 °C ou th. 5-6) pendant 6 minutes. Réservez.

4. **Lustrez** uniformément le carpaccio avec la vinaigrette au cidre à l'aide d'un pinceau. Parsemez légèrement de fleur de sel. Ajoutez les fleurs, les graines germées, les dés de pommes. Parsemez de crumble au parmesan émietté, de julienne de betterave et de chips de pommes avant de servir.

Le + Forme

Variante : remplacez l'huile de pépins de raisins par de l'huile de noix, plus riche en oméga-3.

POIVRONS FARCIS au millet

SANS LACTOSE · SPÉCIAL ANTI-ÂGE · SPÉCIAL VEGAN · SPÉCIAL DÉTOX

POUR 4 PERSONNES
PRÉPARATION : 25 MIN
CUISSON : 1 H 15 À 1 H 30

INGRÉDIENTS

4 poivrons rouges ou jaunes
100 g de graines de millet
1 aubergine
1 courgette
1 oignon
10 olives noires
6 cuil. à soupe d'huile d'olive
1 cuil. à café de thym (ou herbes de Provence)
Sel et poivre du moulin

1. **Lavez** les légumes. Coupez en très petits cubes l'aubergine et la courgette. Découpez les chapeaux des poivrons aux trois quarts et videz-les de leurs graines et membranes blanches. Pelez et ciselez finement l'oignon. Dénoyautez et hachez les olives.

2. **Portez** 35 cl d'eau à ébullition avec ½ cuillerée à café de sel. Versez le millet et faites cuire 20 minutes à frémissements : toute l'eau doit être absorbée. Couvrez et laissez gonfler le millet 5 minutes.

3. **Pendant ce temps,** dans une grande poêle ou un wok, chauffez 1 cuillerée à soupe d'huile d'olive et faites revenir 2 ou 3 minutes les cubes de courgette. Réservez. Dans la même poêle, faites sauter les dés d'aubergine avec 3 cuillerées à soupe d'huile d'olive pendant 5 minutes et réservez. Enfin, faites revenir l'oignon dans 1 cuillerée à soupe d'huile d'olive jusqu'à coloration. Ajoutez le millet, les légumes sautés, le hachis d'olives noires et le thym effeuillé, salez et poivrez à votre convenance.

4. **Préchauffez** le four à 180 °C (th. 6). Garnissez chaque poivron de farce au millet, replacez les chapeaux et disposez les poivrons farcis dans un plat à gratin. Arrosez-les de 1 cuillerée à soupe d'huile d'olive. Enfournez le plat pour 45 minutes. Servez chaud ou tiède, avec une salade de mesclun par exemple.

Le + Forme

Le millet est une céréale dépourvue de gluten, idéale pour réaliser farces, soupes ou croquettes. Sa saveur très douce s'associe parfaitement avec les légumes d'été.

ŒUFS POCHÉS
sur chili sin carne

SANS GLUTEN · SANS LACTOSE · SPÉCIAL ANTI-ÂGE · SPÉCIAL VEGGIE · INDEX GLYCÉMIQUE BAS

POUR 6 PERSONNES / PRÉPARATION : 20 MIN / CUISSON : 55 MIN

INGRÉDIENTS : 6 œufs bio ou de plein air • 800 g de haricots rouges en conserve • 800 g de tomates concassées en conserve • 2 poivrons rouges • 1 poivron vert • 2 oignons • 4 gousses d'ail • 10 g de chocolat noir pâtissier • 3 cuil. à soupe d'huile d'olive • 2 cuil. à café de cumin en poudre • 2 cuil. à soupe d'origan • 2 cuil. à café de sucre de canne blond • ½ cuil. à café de piment d'Espelette • sel et poivre du moulin

1. Lavez, épépinez les poivrons et taillez-les en fines lanières, puis en cubes. Pelez les oignons. Pelez et dégermez l'ail. Hachez ensemble l'ail et les oignons. Égouttez les haricots rouges et rincez-les à l'eau froide.

2. Dans une cocotte, faites chauffer l'huile d'olive. Faites revenir le hachis d'ail et d'oignon à feu moyen pendant 3 minutes. Ajoutez les cubes de poivrons et poursuivez la cuisson 10 minutes en remuant régulièrement. Versez les tomates concassées et leur jus, ajoutez les épices, l'origan, le sucre et 1 cuillerée à café de sel.

3. Cuisez à couvert et à feu doux pendant 20 minutes. Enfin, ajoutez les haricots rouges et le chocolat, mélangez et poursuivez la cuisson 15 minutes de plus, toujours à couvert. Goûtez et rectifiez l'assaisonnement.

4. Cassez les œufs sur le chili, couvrez et faites cuire 6 à 8 minutes, le temps que les blancs soient pris. Apportez la cocotte sur la table et servez aussitôt.

Le + Forme

Un petit plat super protéiné (œuf, haricots rouges), et très riche en fibres qui équilibrent le transit en douceur.

COUSCOUS
de légumes

SANS LACTOSE · SPÉCIAL ANTI-ÂGE · SPÉCIAL VEGAN · SUPER ALIMENT · SPÉCIAL DÉTOX

POUR 4 PERSONNES / PRÉPARATION : 10 MIN / CUISSON : 10 MIN

INGRÉDIENTS : 200 g de semoule de couscous à grain moyen • 300 g de fleurettes de brocolis • 150 g de dés de poivrons rouges et verts (frais ou surgelés) • 2 courgettes • 3 cuil. à soupe de raisins secs blonds • 2 cuil. à soupe de coriandre ciselée • 3 cuil. à soupe d'huile d'olive • sel fin et poivre du moulin

1. **Mettez** les raisins secs à gonfler dans un verre d'eau. Lavez les courgettes, ôtez-en les extrémités, puis coupez-les en cubes (avec la peau). Chauffez 2 cuillerées d'huile dans un wok (ou une sauteuse) et faites-y revenir les courgettes et les poivrons avec une pincée de sel pendant 7 ou 8 minutes, à feu moyen, en remuant régulièrement.

2. **Pendant ce temps,** faites cuire les fleurettes de brocolis dans une casserole d'eau bouillante salée pendant 6 ou 7 minutes. Puis prélevez-les à l'aide d'une écumoire, pour conserver l'eau de cuisson, et ajoutez-les dans le wok. Mélangez et parsemez de la coriandre. Réservez à couvert.

3. **Mettez** la semoule de couscous dans un saladier et versez dessus, petit à petit, une louche d'eau de cuisson des brocolis. Ajoutez encore un peu d'eau de cuisson si besoin (les graines doivent être tendres). Laissez gonfler les graines, puis ajoutez le reste d'huile d'olive et égrenez à la fourchette. Incorporez les raisins secs égouttés. Rectifiez l'assaisonnement. Servez la semoule garnie des légumes.

Le + Forme

Pour un menu vegan : ajoutez 150 g de pois chiches ou de lentilles corail cuits, pour un apport en protéines plus complet.

GRATIN DE CÉLERI-RAVE
et crumble de céréales

SPÉCIAL VEGGIE

SUPER DIGESTE

POUR 6 PERSONNES
PRÉPARATION : 25 MIN
CUISSON : 40 MIN

INGRÉDIENTS

- 500 g de céleri-rave
- 500 g de pommes de terre
- 125 g de farine 5 céréales ou farine de blé T80
- 125 g de beurre (ou de margarine)
- 100 g de parmesan
- 75 g de flocons 5 céréales
- 50 g de noisettes
- 20 cl de crème de soja
- ½ cuil. à café de sel
- 8 tours de poivre du moulin

1. Préchauffez le four à 180 °C (th. 6). Pelez et râpez à la grosse grille le céleri-rave et les pommes de terre. Concassez les noisettes. Coupez le beurre en petits morceaux. Râpez le parmesan.

2. Faites cuire 10 minutes à la vapeur les légumes râpés. Pendant ce temps, préparez le crumble. Dans un récipient, versez la farine, les flocons de céréales, les noisettes concassées et le parmesan râpé. Ajoutez le beurre et malaxez du bout des doigts jusqu'à obtenir une pâte sablonneuse, au besoin ajoutez 1 ou 2 cuillerées à soupe d'eau.

3. Versez dans un saladier les légumes cuits, la crème de soja, salez et poivrez. Mélangez. Versez la préparation dans un moule à gratin et recouvrez de la pâte à crumble. Enfournez le gratin pour 30 minutes. Servez dès la sortie du four dans le plat de cuisson.

Le + Forme

Accompagnez ce plat nourrissant, source de glucides complexes, d'une belle salade de pousses d'épinards, pour compléter l'apport en vitamines.

VEGGIE burger

SPÉCIAL ANTI-ÂGE · SPÉCIAL VEGGIE · SUPER DIGESTE

POUR 4 PERSONNES
PRÉPARATION : 30 MIN
CUISSON : 23 MIN

INGRÉDIENTS

4 pains à hamburger
4 tranches d'emmental
250 g de tofu ferme (voir p. 26)
120 g de flocons d'avoine
2 gousses d'ail
2 échalotes
2 oignons
Quelques feuilles de salade (laitue, mesclun...)
1 cuil. à soupe d'huile d'olive
2 cuil. à soupe de fromage blanc
2 cuil. à soupe de mayonnaise
1 cuil. à soupe de farine
1 cuil. à soupe de sauce soja
1 ½ cuil. à café d'herbes séchées (thym, herbes de Provence...)
1 cuil. à café de moutarde
Sel et poivre du moulin

1. Pelez et dégermez les gousses d'ail. Pelez les échalotes. Hachez ensemble ail et échalotes. Pelez et coupez en rondelles les oignons. Rincez le bloc de tofu à l'eau claire. Dans un saladier, émiettez-le. Ajoutez les flocons d'avoine et la farine, les herbes et 4 tours de moulin à poivre, 2 cuillerées à soupe d'huile d'olive, la sauce soja et 5 cl d'eau. Mélangez. À l'aide d'un cercle à pâtisserie de 10 cm de diamètre, formez 4 steaks et déposez-les sur une plaque de cuisson huilée.

2. Préchauffez le four à 180 °C (th. 6). Préparez la sauce crémeuse en mélangeant la mayonnaise avec le fromage blanc et la moutarde. Salez et poivrez à votre convenance. Enfournez les steaks végétaux pour 20 minutes. Deux minutes avant la fin de la cuisson, déposez 1 tranche d'emmental sur chaque steak le temps qu'elle fonde.

3. Pendant ce temps, dans une poêle, faites revenir les oignons avec le reste d'huile. Coupez les pains en deux et faites-les chauffer au four 3 minutes.

4. Montez les burgers : sur le pain du dessous, étalez la sauce, disposez des feuilles de salade, placez un steak, recouvrez d'oignons poêlés et refermez le burger avec le pain du dessus garni d'un tout petit peu de sauce. Servez aussitôt avec des chips de betterave, de panais et de carotte ou du coleslaw.

Le + Forme

N'hésitez pas à renforcer l'ajout de légumes : rondelles de tomate, concombre, courgette, pour donner du volume à votre burger, sans ajout de calorie.

TARTE AUX ÉPINARDS,
chèvre et sésame

SANS GLUTEN · SPÉCIAL ANTI-ÂGE · SPÉCIAL VEGGIE · SUPER DIGESTE

POUR 6 PERSONNES / PRÉPARATION : 25 MIN / RÉFRIGÉRATION : 20 MIN / CUISSON : 45 MIN

INGRÉDIENTS : **Pour la pâte :** 150 g de farine de riz • 120 g de beurre mou (ou de margarine) • 70 g de farine de maïs • 70 g de fécule de maïs • 1 œuf • 4 cuil. à soupe de lait • 30 g de poudre d'amandes • 15 g de sésame doré • ½ sachet de levure sans gluten • sel • **Pour la garniture :** 350 g d'épinards hachés surgelés • 2 œufs • 3 cuil. à soupe de fromage blanc • 150 g de chèvre frais • 50 g de parmesan • 15 g de sésame doré • 1 pincée de noix de muscade • ciboulette ciselée • sel et poivre du moulin

1. Préparez la pâte. Versez les farines, la fécule de maïs, la levure, la poudre d'amandes, le sésame et une pincée de sel dans un saladier. Mélangez. Ajoutez le beurre mou coupé en dés et travaillez du bout des doigts pour obtenir un mélange sableux. Versez le lait froid battu avec l'œuf, amalgamez la pâte et formez une boule. Couvrez de film étirable et placez au frais une vingtaine de minutes.

2. Préparez la garniture. Versez les épinards dans une casserole, ajoutez 2 cuillerées à soupe d'eau, du sel, du poivre et la muscade. Couvrez et laissez cuire à feu doux pendant 10 minutes, en remuant de temps en temps. Égouttez et versez dans un saladier. Battez les œufs, le fromage blanc et le parmesan. Versez ce mélange dans le saladier contenant les épinards cuits et mélangez.

3. Préchauffez le four à 150-180 °C (th. 5-6). Étalez la pâte sur une feuille de papier sulfurisé et garnissez-en un moule à tarte de 28 cm de diamètre environ. Piquez le fond avec une fourchette. Versez la préparation aux épinards par-dessus. Ajoutez ensuite le fromage de chèvre en l'émiettant avec une fourchette.

4. Saupoudrez de graines de sésame. Faites cuire 35 minutes au four. Parsemez la ciboulette ciselée et dégustez chaud.

Le + Forme

Les épinards sont de bonnes sources de fer, n'hésitez donc pas à en consommer au moins une fois par semaine si vous mangez peu ou pas de viande.

POLENTA
à la sauce tomate

SANS GLUTEN · SPÉCIAL ANTI-ÂGE · SPÉCIAL VEGGIE · SUPER DIGESTE

POUR 4 PERSONNES / PRÉPARATION : 15 MIN / REPOS : 1 H / CUISSON : 20 À 30 MIN

INGRÉDIENTS : 250 g de polenta • 1 boîte de tomates pelées en dés (400 g) • 1 oignon • 50 g de parmesan râpé • quelques feuilles de basilic • 1 petit piment sec • thym • 1 cuil. à soupe d'huile d'olive • sel et poivre du moulin

1. **Pelez** et hachez l'oignon. Dans une cocotte, mettez l'huile d'olive, le piment et l'oignon haché. Laissez dorer 5 minutes à feu doux. Ajoutez les dés de tomates pelées. Salez légèrement, poivrez et ajoutez les feuilles de basilic. Couvrez et laissez cuire 10 minutes à feu doux.

2. **Portez** à ébullition 1,2 l d'eau salée dans une casserole. Versez la polenta en pluie et laissez cuire 5 minutes à feu moyen, en remuant sans cesse.

3. **Étalez** la polenta sur une grande assiette et laissez-la refroidir jusqu'à ce qu'elle forme une galette.

4. **Servez** la polenta coupée en dés, réchauffée à la poêle ou au micro-ondes, et saupoudrée de thym avec la sauce (n'oubliez pas de retirer le piment) et saupoudrez de parmesan.

Le + Forme

Dans un menu végétarien, complétez ce plat avec une salade de crudités enrichie de graines oléagineuses (cacahuètes, pignons, graines de courge) et un laitage.

TOFU LAQUÉ,
écrasée de pommes de terre

SANS GLUTEN · SANS LACTOSE · SPÉCIAL VEGGIE · SUPER DIGESTE

POUR 4 PERSONNES
PRÉPARATION : 15 MIN
CUISSON : 33 MIN
REPOS : 30 MIN À 1 H

INGRÉDIENTS

- 500 g de tofu ferme nature (voir p. 26)
- 1 kg de pommes de terre (à chair farineuse)
- 1 bouquet de ciboulette
- 4 gousses d'ail
- 4 cuil. à soupe de tamari (sauce soja sans gluten)
- 3 cuil. à soupe d'huile d'olive
- 3 cuil. à soupe de crème de soja
- 2 cuil. à soupe de miel liquide
- 2 cuil. à soupe d'huile de sésame
- 10 cl de vinaigre balsamique
- Sel et poivre du moulin

1. Pelez, dégermez et hachez finement les gousses d'ail. Rincez le tofu à l'eau claire, coupez-le en 8 tranches de 1 cm d'épaisseur. Déposez les tranches dans un plat. Pelez, lavez et coupez en quatre les pommes de terre. Rincez et ciselez la ciboulette.

2. Dans un bol, préparez la marinade en mélangeant l'ail haché avec le tamari, 2 cuillerées à soupe d'huile d'olive, le vinaigre balsamique et le miel. Arrosez les tranches de tofu de la marinade et laissez reposer de 30 minutes à 1 heure en retournant régulièrement le tofu. Retirez les tranches de tofu et versez la marinade dans une petite casserole.

3. Pendant ce temps, portez une grande casserole d'eau à ébullition et plongez-y les pommes de terre pour 20 minutes : la pomme de terre est cuite quand la lame d'un couteau s'enfonce facilement dans sa chair. Égouttez et écrasez les pommes de terre avec un presse-purée (ou à la fourchette), ajoutez l'huile de sésame, la crème de soja et la ciboulette. Salez et poivrez à votre convenance.

4. Faites réduire la marinade pendant 10 minutes environ : elle va épaissir. Pendant ce temps, dans une grande poêle, chauffez 1 cuillerée à soupe d'huile et faites revenir les tranches de tofu pendant 3 minutes de chaque côté en les arrosant d'un peu de sauce.

5. Servez le tofu laqué nappé du reste de sauce et accompagné de l'écrasée de pommes de terre à la ciboulette. Les plus joueurs feront un puits dans la purée pour y verser un peu de sauce.

Le + Forme

Le tofu est intéressant pour son apport en protéines et en acides gras insaturés. C'est également une bonne source de fer (près de 3 mg/100 g).

XOCOLATL

SANS GLUTEN · SANS LACTOSE · SPÉCIAL ANTI-ÂGE · SPÉCIAL VEGAN · INDEX GLYCÉMIQUE BAS · SUPER ALIMENT · SPÉCIAL DÉTOX

POUR 1 L DE XOCOLATL

PRÉPARATION : 15 MIN

CUISSON : 10 MIN

INGRÉDIENTS

5 cuil. à soupe de pépites cacao cru Sol Semilla®

4 cuil. à soupe de sirop d'agave

1 cuil. à café d'urucum Sol Semilla®

4 grains de poivre blanc

4 grains de poivre noir

3 petits piments

1 bâton de cannelle

1. **Mettez** tous les ingrédients dans une grande casserole, à l'exception du sirop d'agave.

2. **Ajoutez** 1,5 l d'eau. Portez à ébullition et laissez bouillir doucement pendant 10 minutes. Éteignez le feu, ajoutez le sirop d'agave. Remuez bien.

3. **Filtrez** le tout, en conservant le contenu du filtre, qui vous servira à réaliser la recette de xocowok, servez et dégustez !

XOCOWOK

SANS GLUTEN · SANS LACTOSE · SPÉCIAL ANTI-ÂGE · SPÉCIAL VEGAN · INDEX GLYCÉMIQUE BAS · SUPER ALIMENT · SPÉCIAL DÉTOX · SUPER DIGESTE

POUR 4 PERSONNES

PRÉPARATION : 10 MIN

CUISSON : 3 MIN

REPOS : 3 MIN

INGRÉDIENTS

Moût du filtre de xocolatl

1 grosse poignée d'épinards

30 g de beurre de cacao

1 oignon

2 cuil. à soupe de tamari (sauce soja sans gluten)

1 cuil. à soupe rase de graines de sésame

1 cuil. à soupe de feuilles de coriandre

3 cuil. à café de purée de cacahuètes

1. **Pelez** et émincez l'oignon. Lavez les feuilles d'épinards. Ciselez la coriandre.

2. **Dans une sauteuse,** chauffez à feu doux le beurre de cacao et faites-y blondir l'oignon. Ajoutez le moût de xocolatl. Augmentez l'intensité du feu et remuez 1 minute. Ajoutez le sésame, toujours en remuant, puis versez le tamari, la purée de cacahuètes et mélangez bien.

3. **Ôtez** du feu et recouvrez d'épinards et de coriandre. Couvrez et laissez reposer 3 minutes. Mélangez, ajoutez encore un peu de tamari si vous le souhaitez et servez en accompagnement d'un riz, d'une purée ou de légumes mijotés.

Le + Forme

Un accompagnement bourré de nutriments antioxydants, qui aident vos cellules à se régénérer, et à se protéger des effets des radicaux libres.

LASAGNES
aux aubergines grillées

SPÉCIAL ANTI-ÂGE · SPÉCIAL VEGGIE · SUPER DIGESTE

POUR 6 PERSONNES / PRÉPARATION : 40 MIN / CUISSON : 40 À 50 MIN

INGRÉDIENTS : 16 feuilles de lasagnes sèches • 4 aubergines moyennes (800 g) • 400 g de tomates concassées en conserve • 30 g de parmesan • 2 gousses d'ail • 1 petit oignon • 3 cuil. à soupe d'huile d'olive • 2 cuil. à café de vinaigre de vin • 1 cuil. à café de sucre de canne blond • ½ cuil. à café de piment d'Espelette • sel et poivre du moulin • **Pour la béchamel :** 60 g de farine • 45 g de beurre • 75 cl de lait • ¼ cuil. à café de muscade en poudre • sel

1. Préchauffez le four à 200 °C (th. 6-7). Lavez et coupez les aubergines en tranches fines de 5 mm, au couteau ou à la mandoline. Pelez et dégermez l'ail. Pelez l'oignon. Hachez ensemble ail et oignon. Râpez le parmesan. Sur une plaque recouverte de papier cuisson, disposez les tranches d'aubergines. À l'aide d'un pinceau, enduisez-les d'huile d'olive et saupoudrez-les de sel. Enfournez pour 10 à 15 minutes. Réservez.

2. Pendant ce temps, préparez la sauce tomate. Dans une casserole, chauffez 1 cuillerée à soupe d'huile, versez le hachis d'ail et d'oignon et faites revenir à feu vif 3 minutes. Ajoutez les tomates concassées avec une pincée de sel, 3 tours de moulin à poivre, le sucre et le vinaigre. Faites cuire 10 minutes à feu vif en remuant. Goûtez et rectifiez l'assaisonnement.

3. Préchauffez le four à 180 °C (th. 6). Préparez la béchamel. Dans une casserole, faites fondre le beurre. Ajoutez la farine et laissez cuire 1 minute en remuant au fouet. Versez doucement le lait en mélangeant. Poursuivez la cuisson à feu moyen jusqu'à ébullition, en remuant. Ajoutez ½ cuillerée à café de sel et la muscade.

4. Huilez le plat à gratin. Disposez une première couche de pâtes (4 feuilles) se chevauchant à peine, la sauce tomate, la moitié des tranches d'aubergines grillées, saupoudrez de piment, une couche de pâtes (6 feuilles), une fine couche de béchamel, une couche d'aubergines saupoudrées de piment, une couche de pâtes (6 feuilles), le reste de béchamel, une couche de parmesan râpé. Enfournez le plat pour 30 à 35 minutes, puis servez bien chaud.

Le + Forme

Très peu de matière grasse, des fibres et des nutriments protecteurs (lycopène de la tomate) dans ce plat de lasagnes léger et digeste.

BROCHETTES
de bœuf à la citronnelle

SANS LACTOSE · SPÉCIAL ANTI-ÂGE · SUPER DIGESTE

POUR 4 PERSONNES / PRÉPARATION : 20 MIN / RÉFRIGÉRATION : 10 MIN / CUISSON : 15 MIN / REPOS : 5 MIN

INGRÉDIENTS : 400 g de bœuf à griller (poire, macreuse) • 350 g de germes de soja frais • 2 tiges de citronnelle • 4 petits oignons blancs • le jus de ½ citron • 2 cuil. à soupe de tamari (sauce soja sans gluten) • 2 cuil. à café de sésame doré • 2 cuil. à soupe d'huile d'olive • sel et poivre du moulin

1. **Découpez** la viande en cubes réguliers de 1,5 cm de côté (ou faites-la découper par le boucher).

Disposez les morceaux de viande dans un plat. Arrosez de jus de citron et de tamari. Poivrez, mélangez et placez au frais pendant la cuisson des légumes.

2. **Faites cuire** les germes de soja 10 minutes à l'eau bouillante salée, puis égouttez-les. Découpez la citronnelle en petits morceaux. Pelez les oignons, puis coupez-les en quatre. Préparez 8 brochettes en alternant oignon, citronnelle et bœuf.

3. **Huilez** légèrement une poêle antiadhésive. Faites cuire les brochettes à feu vif pendant 5 minutes. Arrosez de marinade et laissez reposer 5 minutes. Servez les brochettes sur un lit de germes de soja ou à part, arrosez de jus de cuisson, saupoudrez de sésame et servez.

Le + Forme

En été utilisez un barbecue, mais sans que la viande ne soit en contact direct avec les flammes, ce qui risquerait de produire des substances nocives.

SAUTÉ DE POULET
à l'urucum et aux baies de goji

SANS GLUTEN · SANS LACTOSE · SPÉCIAL ANTI-ÂGE · SUPER ALIMENT · SPÉCIAL DÉTOX · SUPER DIGESTE

POUR 4 PERSONNES
PRÉPARATION : 20 MIN
CUISSON : 25 MIN

INGRÉDIENTS

400 g de blanc de poulet bio
1 cuil. à café d'urucum en poudre
30 g de baies de goji
3 tomates pelées
1 oignon
1 gousse d'ail
2 cuil. à soupe d'huile d'olive
10 brins de persil plat
1 brin de thym
Sel et poivre du moulin

1. Pelez et hachez l'oignon et l'ail. Rincez le persil, éliminez les tiges et hachez les feuilles. Coupez les tomates pelées en dés, en conservant le jus. Découpez le poulet en lamelles.

2. Faites chauffer l'huile d'olive dans une cocotte. Ajoutez le poulet, faites-le colorer, puis réservez sur une assiette. Ajoutez dans la cocotte l'oignon et l'ail, le thym et la poudre d'urucum. Laissez fondre à feu doux pendant 5 minutes en remuant.

3. Ajoutez le poulet réservé, les dés de tomates et les baies de goji. Salez, poivrez, couvrez et laissez mijoter pendant 20 minutes à feu doux.

4. Ajoutez le persil au moment de servir, mélangez et servez avec du riz ou de la purée de patates douces.

Le + Forme

Un concentré de carotènes (tomate, urucum, goji), idéal pour préparer la peau au soleil.

PURÉE de lentilles corail au curcuma et épices douces

SANS GLUTEN · SANS LACTOSE · SPÉCIAL ANTI-ÂGE · SPÉCIAL VEGAN · INDEX GLYCÉMIQUE BAS · SUPER ALIMENT · SPÉCIAL DÉTOX · SUPER DIGESTE

POUR 4 PERSONNES
PRÉPARATION : 25 MIN
CUISSON : 20 À 25 MIN

INGRÉDIENTS

200 g de lentilles corail
200 g de potimarron
3 pincées de curcuma
1 pincée de cumin
1 pincée de coriandre en poudre
1 oignon
1 gousse d'ail
5 brins de coriandre fraîche
1 cuil. à soupe de crème de coco
1 cuil. à café d'huile de sésame
2 pincées de piment d'Espelette
Sel et poivre du moulin

1. Pelez le potimarron, coupez-le en dés en éliminant les graines. Pelez et hachez l'oignon et l'ail. Rincez les lentilles.

2. Versez les lentilles dans une casserole, ajoutez un verre d'eau et portez à ébullition. Laissez cuire 10 minutes à feu moyen. Ajoutez le potimarron, l'oignon, le curcuma, le cumin, la coriandre en poudre, du sel et du poivre. Laissez cuire 10 à 15 minutes, en remuant de temps en temps.

3. Égouttez le tout dans une passoire fine, puis écrasez au presse-purée. Ajoutez l'huile de sésame, la crème de coco, le piment d'Espelette. Décorez de coriandre et servez chaud.

Le + Forme

La consommation régulière de curcuma est utile pour détoxifier l'organisme et favorise la prévention contre le cancer.

WOK AU POULET
et crevettes à la citronnelle

SANS GLUTEN / SANS LACTOSE / SPÉCIAL ANTI-ÂGE / SUPER DIGESTE

POUR 4 PERSONNES / PRÉPARATION : 15 MIN / CUISSON : 22 MIN

INGRÉDIENTS : 300 g de blancs de poulet • 200 g de crevettes crues décortiquées surgelées • 1 tige de citronnelle • 2 choux Shanghai • 100 g de germes de soja • 2 tomates • 1 courgette • 1 gousse d'ail • 1 oignon • 1 petit piment • 2 cuil. à soupe de tamari (sauce soja sans gluten) • 2 cuil. à soupe de nuoc-mâm • 2 cuil. à soupe d'huile de pépins de raisin • sel

1. Coupez le poulet en lamelles. Rincez les crevettes et épongez-les. Lavez la courgette et les tomates, puis coupez-les en petits dés. Pelez et hachez l'oignon et l'ail. Lavez les choux Shanghai et émincez-les. Coupez la citronnelle en tronçons. Rincez et égouttez les germes de soja.

2. Faites cuire les germes de soja pendant 5 minutes à l'eau bouillante salée. Faites chauffer l'huile dans un grand wok. Ajoutez le poulet et les crevettes, puis faites-les sauter pendant 5 minutes à feu vif en remuant. Réservez-les sur une assiette.

3. Ajoutez dans le wok tous les légumes, le piment entier et la citronnelle, et faites cuire à feu vif pendant 10 minutes, en remuant. Ajoutez la sauce soja, le nuoc-mâm, le poulet et les crevettes. Remuez sur feu vif pendant 2 minutes et servez.

Le + Forme

Servez avec du riz basmati ou du riz noir, plus riche en fibres.

ROULÉ
de brocolis

SANS GLUTEN ○ SPÉCIAL ANTI-ÂGE ○ SPÉCIAL VEGGIE ○○ SUPER ALIMENT ○ SUPER DIGESTE

POUR 6 PERSONNES / PRÉPARATION : 15 MIN / CUISSON : 30 MIN

INGRÉDIENTS : 600 g de fleurettes de brocolis • 4 œufs • 2 cuil. à soupe de yaourt nature • 30 cl de bouillon de légumes • sel et poivre du moulin • huile • **Pour la béchamel :** 20 cl de lait demi-écrémé • 15 g d'arrow-root (ou de Maïzena®) • 40 g d'emmental fraîchement râpé • 1 pincée de noix muscade râpée (facultatif) • poivre du moulin

1. Préchauffez le four à 180 °C (th. 6). Huilez une plaque à roulés, puis tapissez-la avec une feuille de papier sulfurisé. Faites cuire les brocolis dans le bouillon pendant 10 à 15 minutes, jusqu'à ce qu'ils soient tendres (une pointe de couteau doit s'y enfoncer facilement), puis égouttez-les.

2. Séparez les blancs des jaunes d'œufs. Mixez les brocolis avec le yaourt, les jaunes d'œufs, du sel et du poivre du moulin. Montez les blancs d'œufs en neige ferme et incorporez-les délicatement à la purée de brocolis. Versez cette préparation sur la plaque préparée et étalez-la uniformément. Enfournez pour 15 à 20 minutes, jusqu'à ce qu'elle gonfle.

3. Pendant ce temps, préparez la béchamel. Délayez l'arrow-root (ou la Maïzena®) dans un peu de lait froid. Faites chauffer le reste de lait dans une casserole. À frémissements, ajoutez la fécule délayée et remuez au fouet jusqu'à épaississement de la sauce. Poivrez, ajoutez l'emmental râpé et, si vous le souhaitez, la muscade.

4. Humidifiez un torchon propre. Sortez la plaque du four, posez le torchon dessus et retournez-la. Enlevez la plaque, puis étalez la béchamel sur la préparation cuite et enroulez le tout à l'aide du linge. Servez le roulé découpé en tranches épaisses (prévoyez-en 3 environ par personne).

Le + Forme

Une recette idéale pour les enfants qui mangent les légumes avec difficulté : ce gâteau riche en légumes et en produits laitiers est par ailleurs bien adapté à leurs besoins.

POULET AU FOUR,
légumes et gingembre

SANS GLUTEN · SANS LACTOSE · SPÉCIAL ANTI-ÂGE · SPÉCIAL DÉTOX · SUPER DIGESTE

POUR 6 PERSONNES
PRÉPARATION : 5 MIN
CUISSON : 45 À 55 MIN

INGRÉDIENTS

6 hauts de cuisses de poulet
4 carottes
3 navets
3 pommes de terre
2 poireaux
1 tranche de potiron
1 noix de gingembre
4 cuil. à soupe de tamari (sauce soja sans gluten)
1 citron vert
1 cuil. à soupe d'huile d'olive
Sel et poivre du moulin

1. **Préchauffez** le four à 210 °C (th. 7). Épluchez tous les légumes et coupez-les en morceaux.

2. **Mettez** le poulet dans un plat, côté peau dessus, et répartissez tous les légumes autour. Ajoutez l'huile d'olive, le jus du citron, le tamari, le gingembre pelé et râpé, un peu de sel et du poivre.

3. **Enfournez** et laissez cuire pendant 15 minutes, puis baissez la température à 180 °C (th. 6) et poursuivez la cuisson pendant 30 à 40 minutes.

Le + Forme

Vous pouvez éliminer la peau du poulet pour alléger le plat, ou remplacer les cuisses par des blancs.

PAPILLOTES DE BAR
au kombu, petits légumes

SANS GLUTEN · SANS LACTOSE · SPÉCIAL ANTI-ÂGE · SPÉCIAL DÉTOX · SUPER DIGESTE

POUR 4 PERSONNES
PRÉPARATION : 35 MIN
CUISSON : 35 À 40 MIN

INGRÉDIENTS

4 tranches de bar

1 morceau de feuille de kombu (15 cm)

2 tomates

1 courgette

1 échalote

200 g de riz thaï

½ citron

1 cuil. à soupe de tamari (sauce soja sans gluten)

1 cuil. à soupe de sésame noir

1 cuil. à soupe d'huile d'olive

Piment (facultatif)

Sel et poivre du moulin

1. Préchauffez le four à 180 °C (th. 6). Faites tremper le kombu dans un bol d'eau froide pendant 10 minutes. Puis essorez-le et faites-le cuire 10 minutes à l'eau. Égouttez-le et découpez-le en lamelles. Découpez le citron en rondelles fines.

2. Rincez la courgette et découpez-la en tout petits dés. Lavez les tomates et coupez-les en rondelles fines. Pelez et hachez l'échalote. Faites chauffer l'huile dans une large sauteuse, ajoutez l'échalote hachée et les dés de courgette. Faites-les revenir à feu vif pendant 5 minutes, en remuant. Salez et poivrez.

3. Rincez les tranches de bar sous l'eau froide, épongez-les avec du papier absorbant. Étalez 4 feuilles de papier sulfurisé (ou 4 feuilles de bananier). Répartissez les dés de courgette. Ajoutez quelques rondelles de tomates, des lamelles de kombu, le bar et terminez par 1 ou 2 lamelles de kombu. Saupoudrez de sésame. Poivrez, arrosez de quelques gouttes de tamari. Disposez 1 rondelle de citron et fermez les papillotes.

4. Faites cuire les papillotes 20 minutes au four. Pendant ce temps, faites cuire le riz pendant 20 minutes, servez les papillotes sur une feuille de kombu, accompagnées du riz. Si vous le souhaitez, ajoutez un peu de piment au riz.

Le + Forme

Optez pour du kombu (ou laminaire) bio, récolté en Bretagne, dans une eau de qualité optimale.

LÉGUMES
au curry rouge et tamarin

SANS GLUTEN · SANS LACTOSE · SPÉCIAL ANTI-ÂGE · SPÉCIAL DÉTOX · SUPER DIGESTE

POUR 4 PERSONNES / PRÉPARATION : 20 MIN / CUISSON : 20 MIN

INGRÉDIENTS : 1 chou-fleur • 2 courgettes • 200 g de pois gourmands • ½ radis blanc • 1 cuil. à soupe de pâte de curry rouge • 4 cuil. à soupe de concentré de tamarin • 25cl de lait de coco • ½ botte de ciboulette thaïe • 3 cuil. à soupe de sauce de poisson • 2 cuil. à soupe de sucre de canne • 2 cuil. à soupe d'huile

1. **Séparez** le chou-fleur en fleurettes et lavez-les. Épluchez et coupez les courgettes en morceaux. Équeutez et réservez les pois gourmands. Épluchez et coupez le radis en cubes de 3 cm environ. Lavez et ciselez la ciboulette.

2. **Versez** l'huile dans le wok et faites chauffer à feu moyen. Faites revenir la pâte de curry rouge pendant 2 minutes. Versez ensuite le lait de coco et 5 verres d'eau, et laissez cuire 2 minutes. Incorporez le sucre de canne, la sauce de poisson et le concentré de tamarin.

3. **Ajoutez** le radis blanc, puis laissez cuire au moins 5 minutes. Ajoutez le chou-fleur, les courgettes et laissez cuire 5 minutes. Ajoutez ensuite les pois gourmands, puis laissez cuire encore 3 minutes.

4. **Hors du feu,** parsemez de ciboulette. Servez avec du riz blanc.

Le + Forme

Un curry à consommer avec du riz ou du boulgour. Vous pouvez ajouter quelques crevettes en fin de cuisson.

RISOTTO
mimolette-champignons

SANS GLUTEN · SPÉCIAL VEGGIE · SUPER DIGESTE

POUR 4 PERSONNES / PRÉPARATION : 20 MIN / CUISSON : 30 MIN

INGRÉDIENTS : 250 g de riz pour risotto • 200 g de champignons de Paris • 80 g de mimolette vieille • 1 tige de céleri • 1 oignon • 1 brin de thym • 20 g de margarine riche en oméga-3 • 1 sachet de safran • ½ verre de vin blanc • sel et poivre du moulin

1. **Pelez** et hachez finement l'oignon. Lavez la tige de céleri. Hachez finement un morceau de 15 cm environ. Rincez les champignons, ôtez l'extrémité sableuse des pieds, puis émincez-les. Faites fondre la moitié de la margarine dans une cocotte. Ajoutez l'oignon, le céleri et les champignons émincés. Salez, poivrez et faites dorer à feu moyen pendant 5 minutes, en remuant. Réservez sur une assiette.

2. **Remettez** la cocotte sur feu doux, ajoutez le reste de margarine et le riz. Laissez dorer à feu très doux, pendant 5 minutes, en remuant, salez, poivrez, ajoutez le safran et le thym effeuillé. Ajoutez les légumes réservés, mouillez avec le vin blanc et laissez évaporer. Ajoutez 60 cl d'eau chaude, couvrez et laissez cuire 18 à 20 minutes en remuant le moins souvent possible.

3. **Râpez** la mimolette, ajoutez-la au risotto. Mélangez délicatement sur feu doux et servez dès que le fromage commence à fondre.

Le + Forme

Un risotto riche en glucides, mais pas gras, parfait pour répondre aux besoins d'une journée d'activité physique (randonnée, natation, vélo...)

SARRASIN SAUTÉ
aux légumes et spiruline

SANS GLUTEN · SANS LACTOSE · SPÉCIAL ANTI-ÂGE · SPÉCIAL VEGAN · INDEX GLYCÉMIQUE BAS · SUPER ALIMENT · SPÉCIAL DÉTOX · SUPER DIGESTE

POUR 4 PERSONNES
PRÉPARATION : 20 MIN
CUISSON : 25 MIN

INGRÉDIENTS

180 g de graines de sarrasin
1 courgette
100 g de champignons shiitakés
2 cives
30 g de noix de macadamia
20 g de baies de goji
1 gousse d'ail
1 pincée de spiruline
2 cuil. à soupe d'huile d'olive
1 cuil. à café de gomasio
Sel et poivre du moulin

1. **Faites cuire** le sarrasin à l'eau bouillante salée pendant 15 minutes, puis égouttez-le. Lavez la courgette, coupez-la au robot en fins spaghettis. Rincez les shiitakés, puis émincez-les. Pelez et hachez l'ail, rincez et émincez les cives. Hachez grossièrement les noix de macadamia.

2. **Faites chauffer** l'huile d'olive dans un wok. Ajoutez l'ail, les cives, les champignons, la courgette et faites revenir pendant 5 minutes en remuant.

3. **Ajoutez** le sarrasin cuit, le gomasio, les noix de macadamia hachées, les baies de goji et poivrez. Mélangez sur feu vif pendant 3 minutes.

4. **Retirez** du feu, ajoutez la spiruline, mélangez et servez.

Le + Forme

Faites le plein de nutriments anti-âge avec ce plat vegan. Shiitaké, goji et spiruline sont en effet concentrés en antioxydants protecteurs.

CHILI
avec un peu de carne

SANS GLUTEN · SANS LACTOSE · INDEX GLYCÉMIQUE BAS · SUPER ALIMENT

POUR 6 PERSONNES
PRÉPARATION : 15 MIN
TREMPAGE : 1 NUIT
CUISSON : 1 H 30

INGRÉDIENTS

250 g de viande de bœuf haché
250 g de haricots rouges secs
2 poivrons
1 boîte de pulpe de tomates (500 g)
2 oignons
4 gousses d'ail
2 cuil. à soupe d'huile d'olive
2 cuil. à soupe de concentré de tomates
1 cuil. à soupe d'aneth
5 cuil. à café de poudre de chili
2 cuil. à café de paprika
2 cuil. à café de cumin
10 brins de persil plat
2 feuilles de laurier
Piment de Cayenne
Sel

1. **Faites tremper** les haricots dans de l'eau froide pendant toute la nuit.

2. **Le lendemain,** faites revenir les oignons et l'ail, pelés et hachés, dans une cocotte avec l'huile d'olive, puis ajoutez la viande et faites cuire jusqu'à ce qu'elle soit un peu colorée.

3. **Lavez** les poivrons, coupez la chair en lanières, ajoutez-les dans la cocotte et faites-les revenir pendant quelques minutes. Ajoutez les tomates avec leur jus, le concentré, 3 cuillerées de poudre de chili, du sel, 2 pincées de piment, le laurier, le paprika et le cumin.

4. **Couvrez** la cocotte et laissez mijoter pendant 1 heure. Ajoutez les haricots égouttés, le persil haché, l'aneth, le reste de chili et, si nécessaire, de 10 à 20 cl d'eau. Poursuivez la cuisson à feu doux pendant 30 minutes, puis servez bien chaud.

Le + Forme

Le chili traditionnel, plat de populations modestes, contient peu de viande (comme dans cette recette). Cela devient un plat équilibré, peu gras et très riche en glucides complexes et en fibres. Un régal, excellent pour la forme !

PORC au miel et curcuma, purée de patates douces

SANS GLUTEN · SANS LACTOSE · SPÉCIAL ANTI-ÂGE · INDEX GLYCÉMIQUE BAS · SUPER DIGESTE

POUR 6 PERSONNES

PRÉPARATION : 10 MIN

CUISSON : 45 MIN

INGRÉDIENTS

1 gros filet mignon de porc ou 2 petits

1 cuil. à soupe de miel

1 cuil. à café de curcuma frais râpé ou en poudre

1 kg de patates douces

2 oignons

2 gousses d'ail

Le jus de 1 citron vert

10 brins de ciboulette

1 cuil. à soupe d'huile d'olive

Piment de Cayenne

Sel et poivre du moulin

1. Pelez les oignons et faites-les revenir avec l'huile d'olive dans une cocotte jusqu'à ce qu'ils soient légèrement dorés. Ajoutez la viande, coupée en morceaux, et faites-la revenir de tous les côtés sur feu moyen. Ajoutez alors l'ail, pelé et haché, le miel, le curcuma, du sel, du poivre et une pincée de piment. Mouillez à hauteur avec de l'eau et laissez mijoter sur feu doux pendant 35 minutes.

2. Pendant ce temps, pelez les patates douces, lavez-les, coupez-les en morceaux et faites-les cuire pendant 15 à 20 minutes dans de l'eau bouillante salée ou, mieux, à la vapeur. Écrasez-les au presse-purée, salez-les, poivrez-les et ajoutez le jus du citron vert ainsi qu'un peu de piment si vous aimez.

3. Parsemez de ciboulette ciselée et servez avec la viande.

Le + Forme

Vous pouvez remplacer la ciboulette par des cives ou par des oignons frais très finement émincés car ce sont également de bonnes sources de vitamine C et de carotène

BŒUF MARINÉ,
frites de légumes au four

SANS GLUTEN · SANS LACTOSE · SUPER DIGESTE

POUR 6 PERSONNES
PRÉPARATION : 15 MIN
MARINADE : 12 H
CUISSON : 35 À 45 MIN

INGRÉDIENTS

600 g de hampe ou de bavette

1 kg de légumes (carottes, panais, pommes de terre)

2 cuil. à soupe de pâte de curry doux

1 morceau de gingembre (30 g)

4 gousses d'ail

4 cuil. à soupe d'huile d'olive

4 cuil. à soupe de tamari (sauce soja sans gluten)

½ bouquet de coriandre

1 cuil. à soupe de persil haché

Sel et poivre du moulin

1. La veille, mélangez la pâte de curry avec 2 cuillerées à soupe d'huile d'olive, les gousses d'ail, pelées et hachées, le tamari, le gingembre, pelé et râpé, la coriandre ciselée et du poivre. Mettez les morceaux de viande dans un plat avec la marinade, couvrez le tout de film étirable et réservez au frais jusqu'au lendemain.

2. Le jour même, préchauffez le four à 180 °C (th. 6). Pelez les légumes, coupez-les en frites et étalez-les sur une plaque de cuisson recouverte de papier sulfurisé. Salez, poivrez, arrosez d'un mince filet d'huile d'olive, puis enfournez et laissez cuire pendant 35 à 45 minutes.

3. Faites cuire les tranches de viande égouttées dans une poêle pendant 3 minutes de chaque côté. Ajoutez toute la marinade à la fin, secouez la poêle et retirez du feu. Servez la viande avec les frites de légumes et du persil haché.

Le + Forme

Les légumes cuits au four sont bien concentrés en minéraux et en fibres. Ajoutez juste une touche de matière grasse, mélangez bien et retournez les légumes en cours de cuisson pour qu'ils dorent parfaitement.

ENDIVES AU JAMBON
sauce aux amandes

SANS GLUTEN · SANS LACTOSE · SUPER DIGESTE

POUR 4 PERSONNES
PRÉPARATION : 10 MIN
CUISSON : 30 MIN

INGRÉDIENTS

8 endives
4 tranches de jambon blanc
1 poignée d'amandes effilées
1 cuil. à soupe de purée d'amandes blanches (Jean Hervé®, par exemple)
10 cl de lait d'avoine
2 cuil. à soupe d'huile d'olive
1 pincée de sucre blond de canne
1 cuil. à soupe d'huile d'arachide pour le moule
Sel et piment d'Espelette

1. **Éliminez** le cœur des endives sans en détacher les feuilles. Coupez chacune en deux, dans le sens de la longueur.

2. **Chauffez** l'huile d'olive dans une grande sauteuse et déposez-y les demi-endives côté plat dessous, les unes à côté des autres. Saupoudrez de sucre, salez, puis couvrez et laissez cuire 10 minutes à feu doux. Retournez les endives, ajoutez 12 cl d'eau et grattez bien le fond de la sauteuse avec une spatule pour décoller les sucs. Arrosez les endives avec le jus. Poursuivez la cuisson 5 minutes.

3. **Préchauffez** le four à 180 °C (th. 6). Dans un bol, délayez la purée d'amandes avec le lait, puis salez et ajoutez 1 ou 2 pincées de piment. Transférez la préparation dans le bol d'un mixeur et ajoutez 2 demi-endives. Mixez le tout.

4. **Coupez** les tranches de jambon en deux. Roulez une demi-endive dans chacune et déposez les rouleaux obtenus dans un plat à gratin huilé. Nappez de sauce, parsemez d'amandes effilées et enfournez pour 15 minutes environ : le dessus doit être doré.

Le + Forme

Un gratin classique revisité : sans lactose, ni protéine de lait, ni gluten.

CRUMBLE DE LIEU
champignons et carottes

SUPER DIGESTE

POUR 4 PERSONNES / PRÉPARATION : 20 MIN / CUISSON : 30 MIN

INGRÉDIENTS : 400 g de lieu noir coupé en gros cubes • 350 g de champignons de Paris • 2 carottes • le jus de ½ orange • 15 cl de crème fraîche à 15 % MG (ou crème de soja) • 3 cuil. à soupe de coriandre ciselée • 1 cuil. à soupe d'huile d'olive + 1 filet pour le plat • sel et poivre du moulin • **Pour la pâte à crumble :** 100 g de farine de blé (T80 ou Kamut®) • 50 g de flocons de sarrasin • 60 g de margarine spécial cuisson • sel

1. **Préchauffez** le four à 180 °C (th. 6). Grattez les champignons et coupez-les en gros morceaux. Pelez et lavez les carottes, puis coupez-les en julienne (à l'aide d'une mandoline si possible).

2. **Chauffez** l'huile dans une poêle et faites-y revenir les champignons et les carottes avec une pincée de sel pendant 5 à 6 minutes, en remuant régulièrement. Poivrez, versez le jus d'orange et laissez réduire, puis ajoutez la crème et les cubes de poisson. Parsemez de coriandre. Mélangez 2 minutes sur le feu et versez dans un plat à gratin huilé.

3. **Préparez** la pâte à crumble : dans un saladier, mélangez tous les ingrédients du bout des doigts, jusqu'à l'obtention d'une consistance granuleuse. Recouvrez-en la préparation et enfournez pour 20 minutes environ, jusqu'à ce que la pâte prenne une couleur noisette. Servez bien chaud.

Le + Forme

Choisissez une margarine de consistance molle, riche en acides gras insaturés (oméga-3), dont nos besoins sont élevés et difficiles à couvrir.

MERLU SAUCE SÉSAME
purée de lentilles corail

SANS GLUTEN · SANS LACTOSE · SPÉCIAL ANTI-ÂGE · INDEX GLYCÉMIQUE BAS · SUPER DIGESTE

POUR 4 PERSONNES / PRÉPARATION : 10 MIN / CUISSON : 25 MIN

INGRÉDIENTS : 4 tranches de merlu blanc • 250 g de lentilles corail • 2 carottes • 15 cl de lait de coco • 1 oignon • ½ tablette de bouillon de volaille • 1 pincée de curry en poudre • 1 cuil. à soupe d'huile d'olive + 1 filet pour le plat • sel et poivre du moulin • **Pour la sauce :** 2 cuil. à soupe d'huile de sésame • 2 cuil. à soupe de coriandre ciselée • 1 cuil. à soupe de gomasio • 1 cuil. à café de paillettes d'algues (« mélange du pêcheur »)

1. Rincez les lentilles dans une passoire et laissez-les égoutter. Pelez et lavez les carottes, puis coupez-les en rondelles. Épluchez et émincez l'oignon.

2. Chauffez l'huile d'olive dans une sauteuse antiadhésive et faites-y revenir l'oignon 2 ou 3 minutes, en remuant. Saupoudrez de curry et versez les lentilles. Mélangez 3 minutes environ à l'aide d'une spatule en bois, puis couvrez d'eau à hauteur des lentilles et ajoutez la tablette de bouillon émiettée. Portez à ébullition, baissez le feu et ajoutez les carottes ainsi que le lait de coco. Salez et mélangez.

3. Laissez cuire à couvert 15 à 20 minutes, les lentilles doivent s'écraser. Vérifiez le niveau d'eau et ajoutez-en un peu si besoin, de façon à obtenir une purée ni trop épaisse ni trop liquide.

4. Préchauffez le four à 180 °C (th. 6). Disposez les tranches de merlu dans un plat à four légèrement huilé. Préparez la sauce en mélangeant tous les ingrédients dans un bol. Nappez-en le poisson et enfournez pour 10 minutes environ.

5. Mixez les lentilles en purée, puis salez et poivrez. Servez les tranches de merlu dès la sortie du four, avec la purée de lentilles.

Le + Forme

Un plat riche en protéines (merlu et lentilles) et concentré en minéraux et oligo-éléments : iode, zinc, calcium et fer.

SPAGHETTIS
d'épeautre aux aubergines

SANS LACTOSE · SPÉCIAL ANTI-ÂGE · SPÉCIAL VEGAN · INDEX GLYCÉMIQUE BAS · SPÉCIAL DÉTOX · SUPER DIGESTE

POUR 6 PERSONNES
PRÉPARATION : 10 MIN
CUISSON : 35 MIN

INGRÉDIENTS

250 g de spaghettis d'épeautre
2 petites aubergines (ou 1 grosse)
1 oignon
1 gousse d'ail
1 carotte
1 petit morceau de piment
3 cuil. à soupe d'huile d'olive
1 bouquet de coriandre
Sel et poivre du moulin

1. **Pelez** et émincez l'oignon. Pelez et hachez l'ail. Épluchez la carotte et coupez-la en tout petits dés. Faites revenir l'oignon, l'ail, les dés de carotte et le piment avec 1 cuillerée d'huile d'olive dans une cocotte portée sur feu doux.

2. **Lavez** les aubergines et coupez-les en lamelles, puis recoupez les lamelles en dés. Ajoutez-les dans la cocotte avec 2 cuillerées d'huile et faites-les cuire pendant 20 minutes environ, en remuant régulièrement. Ajoutez du sel, du poivre, la coriandre ciselée, 10 cl d'eau ou de bouillon, et poursuivez la cuisson pendant encore 10 minutes environ.

3. **Faites cuire** les pâtes en suivant les indications portées sur le sachet égouttez-les, mélangez-les aux aubergines avant de servir.

Le + Forme

Vous pouvez précuire les dés d'aubergines à la vapeur pendant 10 minutes afin de réduire la quantité d'huile nécessaire à leur cuisson. L'épeautre est une variété ancienne de blé, riche en protéines et concentrée en minéraux. C'est une excellente alternative pour diversifier les menus.

BURGERS DE VEAU
au cumin

SANS LACTOSE · SPÉCIAL ANTI-ÂGE · SUPER DIGESTE

POUR 4 PERSONNES
PRÉPARATION : 15 MIN
CUISSON : 5 MIN

INGRÉDIENTS

300 g de steak de veau haché
4 pains à hamburger complets
2 tomates
4 petits oignons frais
½ barquette de graines germées (alfalfa, betterave...) (voir p. 30)
2 cuil. à soupe de coriandre ciselée
1 cuil. à café de coriandre en poudre
1 cuil. à café de cumin en poudre
1 filet d'huile de sésame
1 filet de vinaigre balsamique
Sel et poivre du moulin

1. Lavez et essuyez les tomates, puis coupez-les en rondelles. Pelez les oignons frais, coupez leur tige et hachez-les finement.

2. Mélangez dans un saladier la viande hachée avec le cumin, la coriandre en poudre et la coriandre ciselée. Ajoutez les oignons, salez et poivrez. Mélangez bien le tout. Formez 4 boules de viande et aplatissez-les dans la paume de la main.

3. Chauffez un gril électrique ou une poêle-gril antiadhésive et faites cuire les steaks 5 minutes environ, en les retournant à mi-cuisson.

4. Pendant ce temps, faites griller les demi-pains au grille-pain ou sous le gril du four chaud. Disposez sur la moitié inférieure des pains 1 rondelle de tomate, 1 steak, puis une touffe de graines germées. Arrosez de quelques gouttes d'huile de sésame et de vinaigre balsamique, puis recouvrez avec la moitié supérieure des pains. Servez aussitôt.

Le + Forme

Si vous souhaitez ajouter une sauce légère, mélangez du fromage blanc 0 %, de la moutarde forte, de la ciboulette et des câpres.

BOULETTES DE SEITAN
au kasha et aux légumes

SANS LACTOSE · SPÉCIAL ANTI-ÂGE · SPÉCIAL VEGAN · INDEX GLYCÉMIQUE BAS · SUPER DIGESTE

POUR 6 PERSONNES
PRÉPARATION : 15 MIN
CUISSON : 55 MIN

INGRÉDIENTS

100 g de kasha (sarrasin grillé)
100 g de seitan
150 g de légumes (carotte, courgette, céleri)
1 oignon
1 gousse d'ail
1 noix de gingembre
3 cuil. à soupe d'huile d'olive
½ cuil. à café de cannelle en poudre
½ cuil. à café de curry en poudre
½ cuil. à café de cumin en poudre
½ cuil. à café de coriandre en poudre
Sel aux herbes
Poivre du moulin

1. Faites cuire le sarrasin dans deux fois son volume d'eau sur feu très doux, en suivant les indications portées sur le paquet.

2. Hachez les légumes crus, préalablement pelés et lavés. Faites-les cuire pendant 1 minute dans de l'eau bouillante salée, puis égouttez-les et épongez-les sur du papier absorbant.

3. Pelez l'oignon, l'ail et le gingembre. Hachez-les tous les trois avec le seitan, faites revenir l'ensemble sur feu doux dans un filet d'huile d'olive, puis ajoutez les légumes, le sarrasin, les épices, du sel et du poivre. Mélangez et retirez du feu.

4. Allumez le four à 180 °C (th. 6). Façonnez la préparation précédente en boulettes, mettez-les dans un plat à four et ajoutez quelques gouttes d'huile d'olive. Enfournez et laissez cuire pendant 20 minutes environ.

Le + Forme

Très riche en protéines de blé, le seitan peut remplacer la viande une ou deux fois par semaine. Il a un goût plus marqué que celui du tofu, et se cuisine très facilement, simplement sauté avec des légumes émincés.

LÉGUMES-RACINES
rôtis au four

SANS GLUTEN · SANS LACTOSE · SPÉCIAL ANTI-ÂGE · SPÉCIAL VEGGIE · SPÉCIAL VEGAN · SPÉCIAL DÉTOX · SUPER DIGESTE

POUR 6 PERSONNES
PRÉPARATION : 20 MIN
CUISSON : 20 À 30 MIN

INGRÉDIENTS

1,2 kg de légumes-racines

4 brins de thym

2 cuil. à soupe d'huile d'olive + un peu pour servir

Piment en poudre

Safran

Fleur de sel et poivre du moulin

1. **Allumez** le four à 180 °C (th. 6). Mettez une feuille de papier sulfurisé sur la plaque du four.

2. **Lavez,** grattez ou épluchez tous les légumes. Coupez-les en deux, dans le sens de la longueur ou non selon leur taille, et répartissez-les sur la plaque. Arrosez-les d'un filet d'huile d'olive, salez, poivrez, ajoutez un peu de piment et de safran, effritez le thym, puis versez un peu d'eau sur la plaque (l'idéal est de pulvériser de l'eau sur les légumes comme on le fait pour les plantes).

3. **Couvrez** les légumes d'une autre feuille de papier sulfurisé, enfournez et laissez cuire pendant 20 à 30 minutes ; retirez la feuille de papier 5 minutes avant la fin de la cuisson.

4. **À la sortie du four,** arrosez les légumes d'un filet d'huile d'olive et servez aussitôt.

Le + Forme

Tous les légumes-racines sont de bonnes sources de minéraux. Optez de préférence pour les variétés anciennes (navet jaune, carotte violette...) qui contiennent en plus des pigments antioxydants.

PORC AU MIEL
et au gingembre

SANS GLUTEN · SANS LACTOSE · SUPER DIGESTE

POUR 4 PERSONNES
PRÉPARATION : 10 MIN
MARINADE : 1 H
CUISSON : 20 MIN

INGRÉDIENTS

1 filet mignon de porc de 600 g dégraissé

1 échalote

2 cm de gingembre frais

2 cuil. à soupe de coriandre ciselée

1 cuil. à soupe d'huile d'olive

1 cuil. à soupe de miel

1 cuil. à soupe de tamari (sauce soja sans gluten)

1 cuil. à café de vinaigre de cidre

1 cuil. à café d'huile de sésame grillé (Vigean®, par exemple)

1. Mélangez le miel, le vinaigre, les huiles et la moitié de la coriandre ciselée dans un bol. Pelez et hachez le gingembre et l'échalote. Ajoutez-les au tamari et mélangez.

2. Placez le filet mignon dans un plat à four et arrosez-le de sauce, en le retournant pour bien l'imprégner. Laissez-le mariner 1 heure au réfrigérateur, en le retournant de temps en temps.

3. Préchauffez le four à 180 °C (th. 6). Enfournez le plat pour 20 minutes, en retournant le filet mignon à mi-cuisson.

4. À la sortie du four, parsemez la viande du reste de coriandre ciselée. Découpez-la en 4 tronçons et servez chaud, arrosé de sauce.

Le + Forme

Le filet mignon est une viande maigre et très bien pourvue en protéines. C'est aussi une des meilleures sources de vitamine B1, indispensable à l'utilisation de l'énergie par les cellules.

THON SAUTÉ
tomates cerises et fenouil

SANS LACTOSE · SPÉCIAL ANTI-ÂGE · SUPER DIGESTE

POUR 4 PERSONNES / PRÉPARATION : 15 MIN / CUISSON : 15 MIN

INGRÉDIENTS : 600 g de pavés de thon • 150 g de tomates cerises • 1 fenouil • 1 oignon • 3 cuil. à soupe d'huile d'olive • 2 cuil. à soupe de sauce soja sucrée • 1 citron vert • ½ botte d'estragon • sel et poivre du moulin

1. **Coupez** le thon en dés. Émincez le fenouil et coupez les tomates cerises en deux. Pelez et émincez l'oignon, puis rincez et ciselez l'estragon.

2. **Versez** 2 cuillerées à soupe d'huile d'olive dans le wok et faites chauffer. Ajoutez l'oignon et faites-le revenir à feu moyen pendant 3 minutes, puis ajoutez le fenouil et laissez cuire pendant 7 à 10 minutes. Réservez.

3. **Versez** dans le même wok 1 cuillerée à soupe d'huile d'olive. Ajoutez le thon et faites sauter pendant 3 minutes. Ajoutez ensuite la sauce soja, les tomates cerises, le sel et le poivre.

4. **Hors du feu,** ajoutez l'estragon et mélangez bien. Servez avec un quartier de citron vert par personne.

Le + Forme

Servez avec des pâtes de konjac (peu caloriques) si vous surveillez votre ligne ou du riz complet si vous êtes actif.

ROULEAUX
aux saumons et au chou vert

SANS GLUTEN · SANS LACTOSE · SPÉCIAL ANTI-ÂGE · SUPER ALIMENT · SPÉCIAL DÉTOX · SUPER DIGESTE

POUR 4 PERSONNES / PRÉPARATION : 15 MIN / CUISSON : 30 MIN

INGRÉDIENTS : 4 dos de saumon de 120 g • 2 tranches de saumon fumé • 700 g de chou vert frisé • 4 cuil. à café de tartare d'algues frais • 1 pincée de piment d'Espelette (ou poivre du moulin) • sel • **Pour la sauce :** 1 cuil. à soupe d'huile de colza • 1 cuil. à soupe d'huile d'olive • 1 cuil. à café de tamari (sauce soja sans gluten) • 1 cuil. à café d'aneth ciselé + pour le décor • 1 cm de gingembre frais râpé • 1 pincée de poivre du moulin

1. Posez les tranches de saumon fumé sur le plan de travail et coupez-les en deux. Salez légèrement les dos de saumon frais et saupoudrez-les de piment (ou de poivre). Tartinez chacun d'une cuillerée de tartare d'algues. Enroulez chaque dos de saumon avec ½ tranche de saumon fumé et disposez les rouleaux obtenus sur une assiette.

2. Éliminez les premières feuilles du chou vert et prélevez les autres feuilles. Rincez-les, puis réservez 4 belles feuilles pas trop grandes. Déposez-les dans le panier du cuit-vapeur et faites-les cuire quelques minutes, juste pour les ramollir. Transférez-les sur le plan de travail et laissez-les tiédir.

3. Coupez les autres feuilles de chou en lanières de 1 cm de large et posez-les à leur tour dans le panier du cuit-vapeur. Faites cuire 15 minutes. Puis déposez les rouleaux aux deux saumons sur chacune des feuilles de chou blanchies et enroulez-les. Ajoutez les rouleaux sur l'émincé de chou et poursuivez la cuisson 0 minutes environ.

4. Préparez la sauce en mélangeant tous les ingrédients dans un bol. Servez les rouleaux de saumon sur un lit de feuilles de chou, nappés d'un peu de sauce et décorés d'aneth.

Le + Forme

Le chou est un légume à consommer au moins une fois par semaine – quelle que soit la variété –, pour sa richesse en substances anti-cancer.

DAURADE panée aux graines, quinoa aux algues

SANS GLUTEN · SANS LACTOSE · SPÉCIAL ANTI-ÂGE · SUPER ALIMENT · SPÉCIAL DÉTOX · SUPER DIGESTE

POUR 4 PERSONNES
PRÉPARATION : 20 MIN
CUISSON : 15 MIN

INGRÉDIENTS

- 4 filets de daurade sébaste
- 2 cuil. à soupe de graines de potiron (ou de graines de courge)
- 1 bol de quinoa (200 g environ)
- 3 cuil. à soupe de dulse fraîche
- 1 œuf
- 8 cerneaux de noix
- 4 cuil. à soupe de poudre d'amandes
- 3 cuil. à soupe de coriandre ciselée
- 2 cuil. à soupe d'amandes effilées
- 1 cuil. à soupe de persil plat ciselé
- 1 cuil. à café de curry en poudre
- 1 cuil. à soupe d'huile de sésame
- Sel et poivre du moulin

1. Préchauffez le four à 200 °C (th. 6-7). Concassez grossièrement les noix et les graines de potiron au mixeur. Puis, dans une assiette creuse, mélangez-les avec la poudre d'amandes, 1 cuillerée à soupe de coriandre et l'œuf battu. Salez et poivrez.

2. Passez les filets de daurade dans cette panure et déposez-les sur la plaque du four. Parsemez-les d'amandes effilées et enfournez pour 8 minutes. Pendant ce temps, rincez la dulse quelques minutes sous un filet d'eau fraîche, puis émincez-la en lanières.

3. Faites cuire le quinoa avec 3 bols d'eau, le curry, un peu de sel (l'algue restant salée) et les algues émincées. Laissez cuire à feu doux 10 minutes environ, jusqu'à absorption du liquide. Ajoutez ensuite l'huile, le persil et le reste de coriandre, puis mélangez. Rectifiez l'assaisonnement si besoin.

4. Dans chaque assiette, déposez un dôme de quinoa aux algues et un filet de daurade pané, puis servez aussitôt.

Le + Forme

Consommez régulièrement du quinoa rouge, car il est plus riche en antioxydant que le quinoa blond.

SOUPE DE TOFU,
vermicelles de soja et chou chinois

SANS GLUTEN · SANS LACTOSE · SPÉCIAL VEGAN · SPÉCIAL DÉTOX · SUPER DIGESTE

POUR 4 PERSONNES
PRÉPARATION : 15 MIN
CUISSON : 15 MIN

INGRÉDIENTS

250 g de tofu (voir p. 26)
250 g de vermicelles de soja
½ chou chinois
1 carotte
1 botte de coriandre
2 tablettes de bouillon
3 gousses d'ail
5 cuil. à soupe de tamari (sauce soja sans gluten)
2 cuil. à soupe de sucre
1 cuil. à café de sel
1 cuil. à soupe d'huile
Poivre du moulin

1. **Faites tremper** les vermicelles de soja dans de l'eau tiède pendant 5 minutes. Coupez le tofu en cubes. Rincez et ciselez la coriandre. Écrasez les gousses d'ail, puis coupez le chou chinois en petits morceaux. Épluchez et râpez la carotte.

2. **Versez** l'huile dans le wok et faites chauffer à feu vif. Ajoutez l'ail et tournez régulièrement jusqu'à ce qu'il soit bien doré. Versez ensuite 1 l d'eau et ajoutez les tablettes de bouillon, la sauce soja, le sel, le sucre et le poivre. Laissez bouillir 5 minutes.

3. **Ajoutez** ensuite le tofu, le chou chinois, la carotte râpée et les vermicelles de soja, puis poursuivez la cuisson 5 minutes. Hors du feu, parsemez de coriandre. Servez bien chaud.

Le + Forme

Diurétique et léger en calories, ce plat est idéal après une période d'excès alimentaire.

BURGERS
de tofu

SANS LACTOSE · SPÉCIAL ANTI-ÂGE · SPÉCIAL VEGAN · SUPER DIGESTE

POUR 6 PERSONNES
PRÉPARATION : 10 MIN

INGRÉDIENTS

6 pains complets
250 g de tofu (voir p. 26)
1 oignon rouge
2 tomates
½ concombre
50 g de germes de poireau
Gomasio ou fleur de sel

Pour la sauce :

1 oignon frais haché ou 1 cive
2 cuil. à soupe d'huile d'olive
1 petit morceau de piment haché
½ gousse d'ail pelée et hachée

1. **Préparez** la sauce en mélangeant tous les ingrédients.

2. **Ouvrez** les petits pains et tartinez l'intérieur avec une petite cuillerée de sauce, puis répartissez dedans l'oignon, pelé et coupé en fines rondelles, les tomates et le concombre, eux aussi détaillés en fines rondelles, le tofu, coupé en lamelles, et les germes de poireau.

3. **Saupoudrez** le tout d'un peu de gomasio, refermez les burgers et servez aussitôt.

Le + Forme

Un burger végétal léger et digeste. Complétez votre repas avec un fruit et une poignée de fruits secs (noisettes, airelles...).

PÂTES QUINOA
au chou kale

SANS GLUTEN · SANS LACTOSE · SPÉCIAL ANTI-ÂGE · SPÉCIAL VEGAN · INDEX GLYCÉMIQUE BAS · SUPER ALIMENT · SPÉCIAL DÉTOX · SUPER DIGESTE

POUR 2 PERSONNES
PRÉPARATION : 10 MIN
CUISSON : 10 MIN

INGRÉDIENTS

300 g de petits pois avec cosses ou 100 g écossés

100 g de chou kale ou chou frisé

1 oignon rouge

200 g de pâtes au quinoa à la provençale

20 g d'huile d'olive

5 g de sel

4 ou 5 tours de poivre du moulin

1. **Épluchez** et hachez l'oignon. Lavez les feuilles du chou dans plusieurs eaux, puis déchirez-les à la main le long de la nervure centrale ; cette partie filandreuse n'est pas bonne à consommer. Écossez les petits pois.

2. **Dans une grande casserole** ou un faitout, réunissez le chou, les petits pois, l'oignon, le sel, le poivre, les pâtes et 70 cl d'eau.

3. **Couvrez** jusqu'à l'ébullition, puis ôtez le couvercle, baissez à feu moyen et mélangez fréquemment jusqu'à ce que les pâtes soient cuites (10 minutes environ). Goûtez et rectifiez l'assaisonnement.

4. **Versez** les pâtes dans un plat, incorporez l'huile d'olive, mélangez et dégustez aussitôt.

Le + Forme

Une recette simple et très bien pourvue en micronutriments utiles à votre santé. Les protéines des petits pois et celles des pâtes de quinoa sont complémentaires et remplacent celles de la viande.

GIGOLETTES DE LAPIN
aux spaghettis de quinoa

SANS GLUTEN · SPÉCIAL ANTI-ÂGE · INDEX GLYCÉMIQUE BAS · SUPER DIGESTE

POUR 4 PERSONNES
PRÉPARATION : 15 MIN
MARINADE : 1 H
CUISSON : 40 MIN

INGRÉDIENTS

8 gigolettes de lapin
300 g de spaghettis de quinoa
1 carotte râpée
1 oignon émincé
5 cuil. à soupe de lait demi-écrémé (ou de lait végétal)
15 noisettes
2 cuil. à soupe de purée de noisettes (Jean Hervé®, par exemple)
1 tablette de bouillon de volaille
1 bouquet d'herbes fraîches (ou de persil plat frais)
Le jus de ½ citron vert
1 cuil. à soupe d'huile d'olive
Sel et poivre du moulin

Pour la marinade :

Le zeste râpé et le jus de 1 citron vert (non traité, de préférence)
1 pincée de gingembre en poudre
2 cuil. à soupe d'huile d'olive
1 cuil. à soupe de sauce soja

1. **Préparez** la marinade en mélangeant tous les ingrédients dans un plat creux. Ajoutez les gigolettes de lapin, retournez-les pour bien les imprégner et laissez-les mariner 1 heure.

2. **Délayez** la purée de noisettes avec le lait. Puis mixez avec le jus de citron et les herbes (ou le persil). Assaisonnez.

3. **Chauffez** l'huile dans une cocotte à fond épais et faites-y revenir l'oignon et la carotte. Ajoutez les morceaux de lapin égouttés et faites-les dorer en remuant à l'aide d'une spatule en bois. Versez la marinade, mouillez à hauteur, puis ajoutez la tablette de bouillon. Couvrez et laissez cuire 20 minutes.

4. **Faites griller** les noisettes à sec dans une poêle, puis hachez-les grossièrement. Faites cuire les pâtes selon les indications portées sur le paquet, puis égouttez-les. Ajoutez les pâtes dans la cocotte, mélangez et versez la sauce aux noisettes. Chauffez quelques minutes. Servez le lapin avec les pâtes, le tout parsemé de noisettes hachées.

Le + Forme

Le lapin est une viande qui contient peu de cholestérol, et des lipides insaturés, bénéfiques au bon fonctionnement cardiovasculaire.

ONE PAN PASTA
tikka-coco

SPÉCIAL ANTI-ÂGE · INDEX GLYCÉMIQUE BAS · SUPER DIGESTE

POUR 4 PERSONNES / PRÉPARATION : 10 MIN / CUISSON : 8 À 10 MIN

INGRÉDIENTS : 400 g de sauce tikka • 300 g de Funghini n° 96 De Cecco® • 2 escalopes de poulet • 1 poivron • 20 cl de lait de coco • 2 gousses d'ail • 1 bouquet de coriandre

1. **Épluchez** et hachez l'ail. Lavez le poivron, ôtez le pédoncule, retirez les graines et coupez-le en lanières. Détaillez les escalopes de poulet en petits dés. Lavez la coriandre, coupez les tiges et hachez grossièrement les feuilles ; conservez quelques feuilles pour le décor.

2. **Réunissez** tous les ingrédients avec 75 cl d'eau dans une grande casserole ou un faitout. Faites cuire, sans couvrir, à feu moyen et mélangez constamment jusqu'à ce que les pâtes soient cuites (8 à 10 minutes).

3. **Versez** les pâtes dans un plat, décorez de quelques feuilles de coriandre et dégustez aussitôt.

Le + Forme

Un plat idéal après une séance de sport ou une journée très active, pour bien récupérer au niveau musculaire.

MIX DE LÉGUMES
sautés

SANS LACTOSE · SPÉCIAL ANTI-ÂGE · SPÉCIAL VEGAN · SUPER ALIMENT · SPÉCIAL DÉTOX

POUR 4 PERSONNES / PRÉPARATION : 15 MIN / CUISSON : 20 MIN

INGRÉDIENTS : 15 choux de Bruxelles • 1 chou-fleur • 1 brocoli • 3 carottes • 10 tomates cerises • 1 poivron jaune • 1 cuil. à soupe d'huile • 3 cuil. à soupe de sauce végétarienne pour sauté • 1 cuil. à soupe d'huile de sésame • 2 cuil. à soupe de sauce soja • 1 cuil. à soupe de sucre • sel et poivre du moulin

1. Coupez les choux de Bruxelles en deux. Épluchez et coupez les carottes en rondelles. Coupez le poivron en dés. Coupez la tête de brocoli en petites fleurettes, procédez de même avec le chou-fleur. Coupez les tomates cerises en deux.

2. Faites d'abord blanchir les choux de Bruxelles 5 minutes dans une casserole d'eau bouillante salée. Puis égouttez-les et réservez. Faites cuire le chou-fleur, les carottes et le brocoli dans une casserole d'eau bouillante (non salée) pendant 5 minutes. Réservez.

3. Versez l'huile dans le wok et faites chauffer à feu vif. Versez les dés de poivron et saisissez-les pendant 3 minutes. Ajoutez les choux de Bruxelles, le chou-fleur, les carottes et le brocoli, puis mélangez bien. Versez ensuite la sauce végétarienne pour sauté, la sauce soja, l'huile de sésame et le sucre. Faites revenir pendant 4 ou 5 minutes.

4. Ajoutez les tomates cerises en fin de cuisson. Mélangez bien et poivrez. Servez dans une assiette creuse, accompagné de riz ou de quinoa.

Le + Forme

Des légumes détox, qui effectuent un drainage naturel du système digestif et rénal.

SAUCISSES
de pois chiches et sauce au yaourt

SANS GLUTEN · SPÉCIAL ANTI-ÂGE · INDEX GLYCÉMIQUE BAS · SUPER DIGESTE

POUR 12 SAUCISSES
PRÉPARATION : 20 MIN
TREMPAGE : 24 H
CUISSON : 15 MIN

INGRÉDIENTS

- 250 g de pois chiches secs
- 125 g de yaourt brassé
- 1 citron
- 1 oignon
- 4 gousses d'ail
- 1 bouquet de coriandre
- ½ bouquet de persil plat
- 3 pincées de piment de Cayenne
- 2 cuil. à café de sésame doré
- ½ cuil. à café de bicarbonate de soude
- 1 cuil. à café de cumin en poudre
- 1 cuil. à café de coriandre en poudre
- ½ cuil. à café de paprika
- 1 l d'huile d'arachide
- Sel et poivre du moulin

1. Laissez tremper les pois chiches 24 heures dans un grand volume d'eau froide. Égouttez-les et essuyez-les dans un linge. Ils doivent être parfaitement secs (sinon, les saucisses éclatent à la cuisson).

2. Pelez 3 gousses d'ail et l'oignon, et hachez-les finement au couteau. Lavez les herbes, séchez-les parfaitement et hachez-les. Mixez les pois chiches jusqu'à l'obtention d'une pâte granuleuse, qui s'amalgame quand on la presse entre les doigts. Versez dans un bol. Incorporez les épices, le sésame, le bicarbonate, l'ail, l'oignon, 2 cuillerées à soupe de persil et 3 cuillerées à soupe de coriandre hachés. Salez généreusement et mélangez.

3. Pressez le jus du citron. Pelez et hachez 1 gousse d'ail. Mélangez le yaourt avec 2 cuillerées à soupe de jus de citron, l'ail, du sel et du poivre.

4. Chauffez l'huile dans une casserole moyenne. Avec la pâte de pois chiches, formez des saucisses de 8 ou 9 cm de long et plongez-les au fur et à mesure dans l'huile chaude par fournées de trois. Retirez-les quand elles sont dorées. Égouttez-les sur du papier absorbant. Servez les saucisses bien chaudes à l'apéritif ou en entrée, avec la sauce au yaourt.

Le + Forme

Des saucisses végétales pauvres en matières grasses. Riches en glucides complexes elles ont un index glycémique bas.

LANGOUSTINES RÔTIES
à l'estragon, émulsion d'algues

SANS GLUTEN · SANS LACTOSE · SPÉCIAL ANTI-ÂGE · SUPER ALIMENT · SUPER DIGESTE

POUR 4 PERSONNES

PRÉPARATION : 15 MIN

MARINADE : 30 MIN

CUISSON : 8 MIN

INGRÉDIENTS

12 langoustines crues

4 brins d'estragon frais

2 cuil. à café d'algues séchées en paillettes

2 cuil. à soupe d'huile d'olive

Sel et poivre du moulin

1. **Mélangez** les algues en paillettes avec l'huile d'olive, puis laissez mariner au réfrigérateur au moins 30 minutes. Préchauffez le four à 180 °C (th. 6).

2. **Lavez** les langoustines à l'eau froide. Fendez le corps et la tête dans le sens de la longueur, puis disposez-les dans un plat à four. Enfournez les langoustines pour 7 ou 8 minutes.

3. **Sortez** la marinade du réfrigérateur, salez et poivrez. Lorsque les langoustines sont cuites, badigeonnez-les de la marinade. Hachez finement l'estragon, parsemez-en les langoustines et servez.

Le + Forme

Les algues renforcent l'apport en oligoéléments des langoustines (iode, zinc et sélénium).

SPÉCIAL DÉTOX

100 % fruits

Une courte cure de fruits est indiquée à l'automne : vous affronterez l'hiver redynamisé(e) et en pleine forme. Pendant 2 à 3 jours – pas davantage –, consommez uniquement des fruits (environ 1,2 kg par jour) et hydratez-vous avec de l'eau, des tisanes et du bouillon de légumes. Reposez-vous, tout en gardant une activité douce (marche, yoga, qi gong). Optez pour des fruits bien mûrs, bio et de saison : raisin, figue, pomme, poire...

SPÉCIAL VEGAN

Muffins et gâteaux sans œuf

Pour remplacer les œufs et transformer une recette traditionnelle en recette vegan, ajoutez dans la pâte 1 à 2 bananes mûres mixées ou 4 cuil. à soupe de tofu soyeux, ou 1 cuil. à soupe de graines de chia que vous aurez fait tremper dans l'eau pendant 1 heure.

SPÉCIAL ANTI-ÂGE

La touche beauté

Ajoutez quelques gouttes d'huile d'argan – une huile précieuse, connue pour ses vertus anti-âge – dans les préparations à base de fruits : salades, smoothies, carpaccio, et tartares. Elle est très parfumée, n'en ajoutez pas plus d'1 cuil. à café pour 4 personnes. Et boostez l'apport en vitamine C (anti-oxydante) avec un peu de jus de citron frais.

SANS GLUTEN

Réussir sa pâte à tarte

La pâte à tarte sans gluten est facile à réaliser, mais sa texture friable est un peu déroutante. Les trucs pour la réussir :
- associez plusieurs farines (riz, maïs, châtaigne...) ;
- ajoutez suffisamment d'eau dans vos pâtes brisées (5 cuil. à soupe d'eau pour 150 g de farine environ ;
- liez la pâte avec un jaune d'œuf (en plus de l'eau) ;
- ajoutez 2 cuil. à soupe de poudre d'amandes pour donner du fondant.

Inutile de laisser reposer la pâte, étalez-la directement dans le moule garni de papier sulfurisé.

SANS LACTOSE

Délicieuse crème de coco

Elle remplace la crème fraîche dans vos desserts : panna cotta, ganache au chocolat... N'hésitez pas à en ajouter une touche dans vos clafoutis, pâtes à crêpes ou gaufres, en association avec les laits végétaux.

Goûters & desserts

SUPER DIGESTE

Restez simple

Les desserts les plus simples sont aussi les plus digestes : compotes, fruits cuits au four, madeleines et petits sablés, tartes aux pommes à la cannelle.

SPÉCIAL VEGGIE

Dessert protéiné

Pour augmenter et équilibrer votre apport en protéines, profitez du dessert : œufs au lait, crème anglaise et crème pâtissière, mousse au tofu soyeux…

SUPER ALIMENT

Goûtez l'açaï !

Difficile à trouver frais, ce fruit est facilement disponible en poudre. Une poudre violette qui met de la couleur partout ! À ajouter dans vos pâtes à gâteaux, pâtes à crêpes, clafoutis… et à saupoudrer sur les salades de fruits, les yaourts, les faisselles, les compotes, pour décorer et pour enrichir vos desserts d'antioxydants.

INDEX GLYCÉMIQUE BAS

Craquez pour le chocolat

Le chocolat noir présente un des index glycémiques les plus bas. Une bonne raison pour se régaler d'un fondant au chocolat (avec très peu de sucre et de farine), d'une mousse au chocolat (riche en cacao, sans sucre), ou de florentins faits maison.

GAUFRES SUCRÉES au potiron

SPÉCIAL VEGGIE

SUPER DIGESTE

POUR 10 GAUFRES
PRÉPARATION : 20 MIN
REPOS : 1 H
CUISSON : 10 MIN
+ 5 MIN/GAUFRE

INGRÉDIENTS

250 g de chair de potiron
2 œufs
150 g de farine
35 g de sucre en poudre
25 cl de lait demi-écrémé
30 g de margarine spécial cuisson
1 cuil. à café de poudre à lever biologique (sans phosphates)
1 cuil. à soupe de rhum ambré
1 cuil. à soupe d'huile pour le gaufrier
Sel

1. Ôtez l'écorce du potiron et épépinez-le. Coupez sa chair en dés, puis mettez-les dans une casserole avec un fond d'eau et une pincée de sel. Laissez cuire à feu doux et à couvert pendant 10 minutes environ (la pointe d'un couteau doit s'enfoncer sans résistance). Égouttez.

2. Pendant la cuisson du potiron, préparez la pâte à gaufres : dans un saladier, mélangez la margarine avec le sucre, une pincée de sel et le rhum. Ajoutez petit à petit la farine et la levure. Cassez les œufs en séparant les blancs des jaunes et ajoutez ces derniers dans la pâte. Mélangez à l'aide d'une spatule.

3. Faites tiédir le lait, ajoutez-y le potiron cuit, mixez et incorporez le tout au mélange précédent en remuant bien. Battez les blancs en neige, puis incorporez-les également. Couvrez le saladier et laissez la pâte à gaufres reposer 1 heure.

4. Huilez au pinceau les plaques du gaufrier, puis faites-le chauffer. Faites cuire les gaufres 5 minutes environ, jusqu'à épuisement de la pâte. Servez tiède.

Le + Forme

La chair du potiron allège la pâte et apporte du moelleux. Source de provitamine A, indispensable à la croissance, le potiron est intéressant pour les enfants et les ados.

CAKE MOELLEUX
carottes et noisettes

SANS LACTOSE · SPÉCIAL ANTI-ÂGE · SPÉCIAL VEGGIE · INDEX GLYCÉMIQUE BAS · SUPER DIGESTE

POUR 8 À 10 PERSONNES
PRÉPARATION : 10 MIN
CUISSON : 30 MIN

INGRÉDIENTS

- 200 g de carottes râpées
- 2 œufs
- 10 cl de lait de noisettes, ou de lait demi-écrémé
- 80 g de farine (T65 ou farine de riz complet)
- 70 g de purée de noisettes (Jean Hervé®, par exemple)
- 60 g de sucre blond de canne
- 50 g de noisettes en poudre
- 1 cuil. à café de poudre à lever biologique (sans phosphates)

1. **Préchauffez** le four à 180 °C (th. 6). Mélangez dans un saladier les œufs, le sucre et la purée de noisettes. Versez peu à peu le lait. Ajoutez la farine, la levure et la poudre de noisettes, puis les carottes râpées.

2. **Versez** la pâte dans un moule à cake antiadhésif (ou en silicone) et faites cuire 30 minutes.

3. **Attendez** que le cake ait tiédi avant de le démouler et servez tiède ou froid.

Le + Forme

Ce cake sans beurre et riche en fibres s'inscrit parfaitement dans le cadre de la prévention des maladies cardiovasculaires.

COOKIES
aux flocons d'avoine et au chocolat

SANS LACTOSE · SPÉCIAL ANTI-ÂGE · SPÉCIAL VEGGIE · INDEX GLYCÉMIQUE BAS · SUPER DIGESTE

POUR 12 À 15 COOKIES / PRÉPARATION : 15 MIN / RÉFRIGÉRATION : 30 MIN / CUISSON : 25 MIN

INGRÉDIENTS : 130 g de flocons d'avoine • 25 g de pépites de chocolat noir • 1 œuf • 75 g de purée d'amandes blanches • 30 g de sucre blond de canne • 15 cl de lait d'avoine (ou de lait demi-écrémé) • sel

1. Versez le lait dans une casserole, avec 80 g de flocons d'avoine. Faites chauffer 5 minutes à feu doux.

2. Versez ensuite ce mélange dans un saladier, puis incorporez l'œuf, une pincée de sel et le sucre, en remuant avec une cuillère en bois. Ajoutez la purée d'amandes et mélangez de nouveau jusqu'à l'obtention d'une pâte homogène. Laissez reposer au réfrigérateur pendant 30 minutes.

3. Préchauffez le four à 180 °C (th. 6). Sortez la pâte du réfrigérateur et incorporez-y les pépites de chocolat.

4. Recouvrez la plaque du four de papier cuisson et déposez-y des petits tas de pâte bien espacés. Aplatissez-les avec le dos d'une cuillère de façon à obtenir des galets de 5 ou 6 cm de diamètre.

5. Enfournez pour 20 minutes environ, jusqu'à ce que les cookies soient dorés. Parsemez du reste de flocons d'avoine. Servez-les tièdes ou froids, selon votre goût.

Le + Forme

Les flocons d'avoine régulent naturellement le cholestérol, tout comme les amandes.

FLANS
au lait de coco

SANS GLUTEN · SANS LACTOSE · SPÉCIAL ANTI-ÂGE · SPÉCIAL VEGGIE · SUPER DIGESTE

POUR 4 PERSONNES / PRÉPARATION : 15 MIN / CUISSON : 15 MIN

INGRÉDIENTS : 10 cl de lait de coco • 10 cl d'eau de coco • 2 œufs • 40 g de sucre roux • 35 g de farine de riz • 30 g de noix de coco râpée • ½ gousse de vanille • 1 pincée de poivre noir

1. Préchauffez le four à 150 °C (th. 5). Ouvrez la gousse de vanille en deux et grattez l'intérieur pour récupérer les graines.

2. Dans un saladier, battez les œufs, le sucre, le poivre noir, les graines de vanille et la farine de riz. Ajoutez le lait de coco et le lait.

3. Versez le mélange dans 4 ramequins et faites cuire 15 minutes au four. À mi-cuisson, saupoudrez la surface des gratins de noix de coco râpée. Dégustez tiède ou froid, sans les démouler.

Le + Forme

Légers et digestes (sans gluten, sans lactose), ces petits flans sont sources de fibres car la noix de coco râpée en est riche.

BARRES
de céréales

SPÉCIAL ANTI-ÂGE · SPÉCIAL VEGGIE · INDEX GLYCÉMIQUE BAS · SUPER DIGESTE

POUR 12 À 15 BARRES
PRÉPARATION : 15 MIN
CUISSON : 25 À 30 MIN

INGRÉDIENTS

200 g de muesli sans sucre ajouté
20 cl de lait demi-écrémé
(ou de lait végétal)
1 poignée de pépites de chocolat
2 cuil. à soupe de miel
2 cuil. à soupe d'huile d'olive

1. Préchauffez le four à 180 °C (th. 6). Dans un saladier, mélangez le muesli et le lait, puis laissez gonfler quelques minutes.

2. Dans un bol, délayez le miel avec l'huile, puis incorporez le tout au muesli. Ajoutez les pépites de chocolat et mélangez délicatement.

3. Étalez la pâte sur une plaque tapissée de papier sulfurisé et faites cuire 20 minutes. Sortez du four, découpez les barres, espacez-les, puis enfournez de nouveau pour 5 à 10 minutes. Laissez refroidir avant de déguster.

Le + Forme

Ces barres peu sucrées mais riches en glucides complexes sont parfaites avant le sport ou pour couper la matinée si votre petit déjeuner est léger ou très matinal.

BARRES À L'ÉPEAUTRE
et aux dattes séchées

SPÉCIAL VEGGIE — INDEX GLYCÉMIQUE BAS

POUR 12 BARRES ENVIRON
PRÉPARATION : 10 MIN
CUISSON : 15 MIN
RÉFRIGÉRATION : 2 H

INGRÉDIENTS

- 200 g de flocons d'avoine
- 150 g de flocons d'épeautre
- 150 g de dattes séchées, dénoyautées et en morceaux
- 150 g de beurre demi-sel
- 130 g de miel
- 20 g d'amandes
- 3 cuil. à soupe de sucre roux

1. Dans une poêle antiadhésive, à feu moyen, faites griller les flocons d'avoine, les amandes et les flocons d'épeautre pendant 7 minutes, sans ajouter de matière grasse et en les remuant souvent pour qu'ils ne brûlent pas. Réservez.

2. Dans une casserole, faites fondre le sucre, le beurre et le miel à feu moyen. Baissez le feu et laissez bouillir pendant 8 minutes environ. Pour vérifier la cuisson du sirop de sucre, versez-en une goutte dans de l'eau froide : si une petite boule se forme, il est prêt.

3. Dans un saladier, mélangez les flocons d'avoine, les amandes, les flocons d'épeautre et les dattes, puis incorporez le sirop de sucre et remuez à nouveau.

4. Étalez la préparation sur une plaque recouverte de papier sulfurisé, sur 1 cm d'épaisseur environ. Laissez durcir 2 heures au réfrigérateur, puis coupez en rectangles.

Le + Forme

Ces barres très concentrées en énergie (miel, beurre, céréales, fruits secs) sont à réserver aux journées d'activité sportive : randonnée en montagne, vélo, trekking…

CRÊPES light

SPÉCIAL VEGGIE

SUPER DIGESTE

POUR 4 PERSONNES / PRÉPARATION : 10 MIN / CUISSON : 4 À 6 MIN/CRÊPE

INGRÉDIENTS : 50 cl de lait demi-écrémé ou lait de soja • 3 œufs • 150 g de farine fluide • sel

1. Dans un saladier, mélangez le lait, les œufs, la farine fluide et une pincée de sel jusqu'à l'obtention d'une pâte fluide.

2. Dans une poêle antiadhésive préalablement chauffée sur feu vif, versez un peu de pâte et répartissez-la sur le fond. Laissez la crêpe cuire 2 ou 3 minutes, puis retournez-la et faites-la cuire autant de l'autre côté.

3. Placez-la sur une assiette et renouvelez l'opération avec le reste de la pâte.

Le + Forme

Sans sucre ajouté, ces crêpes sont de bonnes sources de protéines, ce qui favorise la satiété.

PÂTE
à tartiner maison

SANS GLUTEN · SANS LACTOSE · SPÉCIAL ANTI-ÂGE · SPÉCIAL VEGAN · INDEX GLYCÉMIQUE BAS · SUPER DIGESTE

POUR 1 POT / PRÉPARATION : 5 MIN / CUISSON : 30 MIN

INGRÉDIENTS : 100 g de purée de noisettes (Jean Hervé®, par exemple) • 50 g de chocolat noir à 60 % de cacao • 6 cuil. à soupe de sirop d'agave • 2 pincées de vanille en poudre

1. **Mélangez** la vanille avec le sirop d'agave. Versez la purée de noisettes dans un bol et placez-le dans une casserole d'eau, sur feu doux.

2. **Ajoutez** le sirop d'agave vanillé et le chocolat cassé en carrés. Dès qu'il commence à fondre, remuez à l'aide d'une fourchette jusqu'à l'obtention d'une consistance onctueuse.

3. **Ôtez** du feu, puis versez la préparation dans un pot en verre, type pot de confiture, et laissez tiédir. Vous pouvez conserver cette pâte à tartiner une semaine environ à température ambiante.

Le + Forme

Voici une pâte à tartiner sans sucre ajouté, riche en antioxydants (noisettes, chocolat noir). La bonne dose : 2 cuillères à café par jour maximum.

BLANC-MANGER
à l'amande

SANS GLUTEN · SANS LACTOSE · SPÉCIAL VEGAN · SUPER DIGESTE

POUR 4 PERSONNES
PRÉPARATION : 10 MIN
CUISSON : 5 MIN
RÉFRIGÉRATION : 2 H

INGRÉDIENTS

60 cl de lait d'amande
60 g de sucre de canne blond
30 g de crème de riz en poudre
½ cuil. à café d'écorce de citron en poudre
¼ cuil. à café de cannelle en poudre
¼ cuil. à café de vanille en poudre

1. **Mélangez** tous les ingrédients secs dans une casserole. Ajoutez le lait d'amande et remuez au fouet.

2. **Portez** à ébullition et maintenez-la pendant 3 minutes en remuant régulièrement : la crème va épaissir.

3. **Répartissez** le blanc-manger dans 4 verrines. Laissez refroidir à température ambiante, puis mettez au réfrigérateur pour au moins 2 heures.

Le + Forme

Sans gluten et sans lactose, ces entremets sont parfaitement tolérés au niveau digestif. Leur apport calorique reste modéré, car ils sont pauvres en lipides.

Blanc-manger à l'amande

POLENTA
aux raisins

SANS GLUTEN · SANS LACTOSE · SPÉCIAL VEGAN · SPÉCIAL DÉTOX · SUPER DIGESTE

POUR 4 PERSONNES
PRÉPARATION : 5 MIN
CUISSON : 8 MIN

INGRÉDIENTS

50 g de sucre de canne blond
50 g de polenta instantanée
25 g de raisins secs
50 cl de lait végétal

1. Mélangez dans un bol tous les ingrédients secs de la recette.

2. Dans une casserole, portez le lait à ébullition. Versez le mélange précédent en pluie. Fouettez énergiquement et faites cuire à feu doux 3 minutes en remuant constamment.

3. Répartissez la polenta aux raisins dans un compotier ou 4 ramequins. Laissez refroidir à température ambiante avant de déguster.

Le + Forme

Vous pouvez également ajouter des cranberries ou des myrtilles séchées, riches en antioxydants.

Polenta aux Rais

VERRINES DE TAPIOCA
au jus de pomme

SANS GLUTEN • SANS LACTOSE • SPÉCIAL VEGAN • SPÉCIAL DÉTOX • SUPER DIGESTE

POUR 4 PERSONNES / PRÉPARATION : 3 MIN / CUISSON : 15 MIN

INGRÉDIENTS : 40 g de tapioca • 30 g de sucre de canne blond • 50 cl de jus de pomme • ¼ cuil. à café de gingembre en poudre

1. Versez le sucre, le tapioca et le gingembre dans une casserole. Ajoutez le jus de pomme.

2. Portez à ébullition en remuant constamment et poursuivez la cuisson à tout petits bouillons pendant 10 minutes environ, toujours en remuant régulièrement (le tapioca est cuit lorsqu'il est translucide).

3. Répartissez le tapioca au jus de pomme dans 4 verrines ou 8 mini-verrines. Dégustez chaud ou bien frais.

Le + Forme

Sans matière grasse, cet entremets très light est parfait pour compléter un repas un peu copieux.

GRATIN
de pomelos

SANS GLUTEN · SPÉCIAL ANTI-ÂGE · SPÉCIAL VEGGIE · SPÉCIAL DÉTOX

POUR 4 PERSONNES / PRÉPARATION : 10 MIN / CUISSON : 3 MIN

INGRÉDIENTS : 400 g de quartiers de pomelos • **Pour le sabayon sucré :** 1 jaune d'œuf • 40 g de fromage blanc à 4 % de MG • sucralose • 1 pincée de cannelle

1. **Réalisez** le sabayon : battez le jaune d'œuf avec 1 cuillerée à soupe d'eau frémissante jusqu'à l'obtention d'un ruban. Ajoutez le fromage blanc. Mélangez et ajoutez le sucralose et la cannelle.

2. **Nappez** le fond de 4 grandes assiettes avec le sabayon. Disposez dessus les quartiers de pomelos. Passez sous le gril et laissez dorer.

Le + Forme

Un dessert vitaminé par excellence, la vitamine C et les polyphénols antioxydants du pomelo restent pratiquement intacts, la cuisson étant très courte.

MOUSSE
aux fruits

SANS GLUTEN · SANS LACTOSE · SPÉCIAL ANTI-ÂGE · SPÉCIAL VEGGIE · SUPER ALIMENT · SPÉCIAL DÉTOX · SUPER DIGESTE

POUR 4 PERSONNES
PRÉPARATION : 10 MIN
CUISSON : 15 MIN

INGRÉDIENTS

600 g de fruits frais au choix (pommes, poires, pêches, abricots...)

3 blancs d'œufs

Parfum au choix (1 pincée de cannelle ou quelques gouttes d'extrait de vanille)

Sucralose (facultatif)

Quelques tranches de pamplemousse pour la décoration

1. **Faites cuire** les fruits de votre choix, préalablement lavés et épluchés, soit au four, soit au micro-ondes, soit dans un fond d'eau, puis mixez-les.

2. **Incorporez** dans la compote chaude les blancs battus en neige, le parfum de votre choix et éventuellement l'édulcorant.

3. **Versez** dans 4 ramequins et décorez avec quelques tranches de pamplemousse. Servez frais.

Le + Forme

Pas de sucre, de cholestérol, ni de matière grasse dans ce dessert riche en fibres et léger en calories. Optez pour des fruits rouges qui constituent d'excellentes sources d'antioxydants.

CRÈME aux graines de chia, kiwi et açai

SANS GLUTEN · SANS LACTOSE · SPÉCIAL ANTI-ÂGE · SPÉCIAL VEGAN · SUPER ALIMENT · SPÉCIAL DÉTOX · SUPER DIGESTE

POUR 4 PERSONNES

PRÉPARATION : 10 MIN

RÉFRIGÉRATION : 2 H

INGRÉDIENTS

60 cl de lait de soja

4 cuil. à soupe de graines de chia

3 kiwis

2 cuil. à soupe de baies d'açai séchées

2 cuil. à soupe de sève de kitul

1. **Versez** les graines de chia et les baies d'açai dans un saladier. Ajoutez le lait de soja et remuez. Laissez reposer au moins 2 heures au frais, pour que le mélange épaississe.

2. **Pelez** et coupez les kiwis en petits dés.

3. **Répartissez** le mélange aux graines de chia dans 4 verres. Ajoutez les dés de kiwis et versez un peu de sirop de sève de kitul par-dessus. Dégustez frais.

Le + Forme

Les graines de chia sont peu caloriques, et elles permettent de réaliser d'excellents desserts légers dont la texture gélatineuse a un effet rassasiant.

CLAFOUTIS
aux quetsches et aux amandes

SPÉCIAL VEGGIE

SUPER DIGESTE

POUR 6 PERSONNES / PRÉPARATION : 10 MIN / CUISSON : 20 MIN

INGRÉDIENTS : 300 g de quetsches dénoyautées (soit 500 g brut environ) • 3 œufs • 80 g de farine de blé (T65 ou de farine de riz complet) • 50 g de sucre blond de canne • 30 g d'amandes en poudre • 30 cl de lait demi-écrémé (ou lait d'amande) • 1 noix de margarine spécial cuisson • 2 cuil. à soupe d'amandes effilées • quelques gouttes d'extrait d'amande amère (facultatif)

1. Préchauffez le four à 180 °C (th. 6). Dans une terrine, fouettez les œufs avec le sucre. Ajoutez la farine, la poudre d'amandes et, si vous le souhaitez, l'extrait d'amande. Mélangez bien. Puis incorporez progressivement le lait.

2. Graissez un moule à gratin avec la margarine. Disposez les oreillons de quetsches sur le fond, côté bombé dessus. Recouvrez-les de la préparation aux amandes. Parsemez d'amandes effilées.

3. Enfournez pour 40 minutes environ : le clafoutis est cuit lorsque le pourtour est pris et que le centre commence à prendre. Servez tiède ou froid à votre convenance.

Le + Forme

Les prunes violettes sont d'excellentes sources de pigments antioxydants favorisant la santé cardiovasculaire.

VERRINES DE POMME
aux perles du Japon

SANS GLUTEN · SANS LACTOSE · SPÉCIAL VEGAN · SUPER DIGESTE

POUR 6 PERSONNES / PRÉPARATION : 25 MIN / CUISSON : 20 MIN / RÉFRIGÉRATION : 2 H

INGRÉDIENTS : 2 pommes (Antarès) • 40 g de perles du Japon (ou de tapioca) • 40 cl de lait d'amande • le jus de ½ citron vert • 1 cuil. à soupe de sirop d'érable

1. **Lavez** les pommes et coupez-les en quartiers. Réservez 2 quartiers et pelez les autres. Faites chauffer le lait d'amande à feu doux dans une casserole, puis versez-y les perles du Japon. Râpez les quartiers de pommes pelés au-dessus de la casserole et mélangez. Faites cuire pendant 15 minutes environ : les perles doivent devenir translucides.

2. **Pendant ce temps,** coupez les quartiers réservés en lamelles, puis en fins bâtonnets, de manière à conserver un peu de peau au sommet, comme pour imiter une allumette (tête rouge de la peau et tige blanche de la chair). Versez le jus de citron vert dessus et mélangez délicatement.

3. **Au terme de la cuisson,** ajoutez le sirop d'érable, remuez et répartissez la préparation dans 4 verrines. Piquez dedans quelques bâtonnets de pomme façon « hérisson » et réservez au réfrigérateur pendant 2 heures.

Le + Forme

Les perles du Japon sont similaires au tapioca : elles ne contiennent pas de gluten et sont particulièrement digestes.

TARTELETTES
aux quetsches et aux amandes

SANS GLUTEN · SPÉCIAL ANTI-ÂGE · SPÉCIAL VEGGIE · SUPER DIGESTE

POUR 4 PERSONNES
PRÉPARATION : 25 MIN
CUISSON : 30 MIN
RÉFRIGÉRATION : 10 MIN

INGRÉDIENTS

500 g de quetsches
1 œuf
70 g de beurre
80 g de farine de riz semi-complète
80 g d'amidon de maïs + 1 cuil. à café
50 g de poudre d'amandes
10 cl de lait
1 sachet de sucre vanillé
2 cuil. à soupe de poudre de noisettes
2 cuil. à soupe de sucre roux
Sel

1. Mélangez la farine de riz, 80 g d'amidon de maïs, la poudre de noisettes et une pincée de sel dans un saladier. Ajoutez le beurre coupé en petits dés. Mélangez du bout des doigts pour former un mélange sableux. Ajoutez 2 ou 3 cuillerées à soupe d'eau et formez une boule. Laissez reposer au frais pendant la préparation des fruits.

2. Essuyez les quetsches dans un torchon propre. Coupez-les en deux et ôtez les noyaux. Mélangez dans un bol l'œuf, la poudre d'amandes, 1 cuillerée à café d'amidon de maïs, le sucre vanillé et le lait.

3. Préchauffez le four à 180 °C (th. 6). Étalez la pâte dans 4 moules à tartelettes, piquez-la à la fourchette et ajoutez la poudre d'amandes. Saupoudrez d'un peu de sucre roux. Rangez les demi-quetsches sur le fond de tarte, partie bombée vers le haut.

4. Faites cuire 30 minutes au four. Dégustez tiède ou froid.

Le + Forme
Les tartelettes sont idéales lorsque l'on surveille son poids : la portion individuelle permet de consommer la juste dose, et évite la tentation de se resservir.

PETITS BISCUITS
aux noisettes

SANS GLUTEN · SANS LACTOSE · SPÉCIAL VEGGIE · SUPER DIGESTE

POUR 4 PERSONNES
PRÉPARATION : 25 MIN
CUISSON : 10 À 15 MIN
RÉFRIGÉRATION : 30 MIN

INGRÉDIENTS

100 g de beurre mou
100 g de farine de riz
100 g de farine de maïs
50 g d'amidon de maïs
50 g de poudre de noisettes
40 g de noisettes décortiquées
½ sachet de levure sans gluten
Sel

1. Préchauffez le four à 150 °C (th. 5). Mélangez dans un saladier les farines, l'amidon de maïs, la poudre de noisettes, la levure sans gluten et une pincée de sel. Ajoutez le beurre coupé en dés et travaillez le mélange du bout des doigts.

2. Mouillez avec 3 ou 4 cuillerées à soupe d'eau froide pour lier la pâte. Formez une boule et placez-la 30 minutes au frais. Sortez la pâte du réfrigérateur. Étalez-la entre 2 feuilles de film étirable et découpez avec un emporte-pièce en forme de bonhomme.

3. Rangez les biscuits sur une plaque à pâtisserie garnie de papier sulfurisé et parsemez de noisettes décortiquées. Faites cuire 10 à 15 minutes au four en surveillant, car les biscuits ne doivent pas être trop colorés. Laissez refroidir sur une grille.

Le + Forme

La farine de maïs jaune (à ne pas confondre avec l'amidon de maïs) est une excellente source de carotènes, qui sont des pigments végétaux antivieillissement.

QUINOA SUCRÉ
aux deux raisins

SANS GLUTEN · SANS LACTOSE · SPÉCIAL ANTI-ÂGE · SPÉCIAL VEGAN · INDEX GLYCÉMIQUE BAS · SPÉCIAL DÉTOX · SUPER DIGESTE

POUR 6 PERSONNES / PRÉPARATION : 15 MIN / CUISSON : 20 MIN / RÉFRIGÉRATION : 1 H

INGRÉDIENTS : 130 g de quinoa • 200 g de petits grains de raisin noir • 1 cuil. à soupe de raisins secs • le jus de 1 citron • 1 sachet de sucre vanillé • 2 brins de menthe

1. **Mettez** le quinoa dans une casserole et ajoutez deux fois son volume d'eau, sans saler. Portez à ébullition, puis couvrez et laissez cuire 15 minutes. Pendant ce temps, faites tremper les raisins secs dans un verre rempli d'eau. Lavez, effeuillez et ciselez la menthe (réservez-en une sommité pour la décoration).

2. **Versez** le quinoa cuit dans un saladier. Ajoutez le sucre vanillé et le jus de citron. Mélangez à la fourchette, puis ajoutez les raisins secs préalablement égouttés et la menthe ciselée. Mélangez bien. Incorporez enfin les grains de raisin, en mélangeant délicatement.

3. **Couvrez** le saladier de film alimentaire et réservez 1 heure au réfrigérateur avant de servir, décoré de la sommité de menthe.

Le + Forme

Optez pour un quinoa rouge, et ajoutez 3 cuillérées à café de baies de Goji pour un petit plus en antioxydants.

YAOURT,
coco fraîche et mangue

SANS GLUTEN ○ SPÉCIAL ANTI-ÂGE ○ SPÉCIAL VEGGIE ○○ SUPER ALIMENT ○ SUPER DIGESTE

POUR 4 PERSONNES / PRÉPARATION : 15 MIN

INGRÉDIENTS : 400 g de yaourt grec à 10 % de MG • 200 g de mangue bien mûre • 150 g de pulpe de mangue • 50 g de noix de coco fraîche • 1 cl de jus de citron vert • 4 feuilles de basilic

1. Épluchez la mangue, faites des petits dés de 1 cm, réservez. Pressez le citron et versez-le sur la mangue pour l'empêcher de noircir, mélangez bien. Épluchez la noix de coco, faites des petits dés de ½ cm, réservez.

2. Disposez soigneusement dans de petites verrines la pulpe de mangue, le yaourt mélangé aux dés de noix de coco, puis les dés de mangue et les feuilles de basilic. Dégustez frais.

Le + Forme

Pour un dessert plus léger en calories et plus digeste, remplacez le yaourt grec par un yaourt au lait de soja ou de coco.

CAKE
citron-amandes

SANS LACTOSE · SPÉCIAL VEGGIE · SUPER DIGESTE

POUR 6 PERSONNES
PRÉPARATION : 10 MIN
CUISSON : 40 MIN

INGRÉDIENTS

2 œufs
80 g de farine tamisée
½ citron vert non traité
40 g d'amandes en poudre
2 cuil. à soupe d'amandes effilées
½ sachet de levure
5 cuil. à soupe de sucre blond de canne
4 cuil. à soupe d'huile d'olive + un peu pour le moule
1 pincée de vanille en poudre

1. **Préchauffez** le four à 180 °C (th. 6). Mélangez dans un saladier l'huile et le sucre, puis ajoutez les œufs un par un. Incorporez la poudre d'amandes, puis la farine, la vanille en poudre et enfin la levure.

2. **Râpez** le zeste du citron au-dessus du saladier. Pressez-le et versez le jus dans la pâte. Mélangez bien.

3. **Graissez** un moule à cake « junior » ou mini (50 cl) et versez-y la pâte. Parsemez d'amandes effilées et enfournez pour 40 minutes. Laissez refroidir avant de servir.

Le + Forme

À base d'huile d'olive et d'amandes, ce cake est parfait si vous souhaitez équilibrer votre taux de cholestérol.

PETITS FLANS
au chocolat

SANS GLUTEN · SPÉCIAL VEGGIE · SUPER DIGESTE

POUR 4 PERSONNES
PRÉPARATION : 10 MIN
CUISSON : 5 MIN
RÉFRIGÉRATION : 2 H

INGRÉDIENTS

- 70 g de chocolat noir à 70 % de cacao
- 60 cl de lait demi-écrémé (ou de lait végétal)
- 50 g de sucre en poudre
- 1 cuil. à café d'agar-agar

1. **Versez** dans une casserole le sucre et l'agar-agar, puis délayez-les avec le lait froid. Cassez les carrés de chocolat et ajoutez-les dans le lait.

2. **Portez** le tout à ébullition et mélangez au fouet jusqu'à ce que le chocolat soit fondu. Laissez frémir 1 minute à feu moyen.

3. **Retirez** du feu et répartissez la préparation dans 4 ramequins. Laissez refroidir à température ambiante, puis réservez 2 heures au réfrigérateur. Servez frais.

Le + Forme

L'agar agar n'apporte aucune calorie et permet d'obtenir des desserts vraiment light.

TRIFLE
mangue-coco

SANS GLUTEN · SPÉCIAL ANTI-ÂGE · SPÉCIAL VEGGIE · SUPER DIGESTE

POUR 4 PERSONNES / PRÉPARATION : 10 MIN / CUISSON : 8 MIN

INGRÉDIENTS : 3 yaourts brassés • 1 petite mangue • 4 cuil. à café de noix de coco séchée • **Pour le granola coco :** 60 g de farine de riz (ou de blé T65) • 30 g de noix de coco séchée • 30 g de sucre blond de canne • 30 g de margarine spécial cuisson

1. **Préchauffez** le four à 180 °C (th. 6). Préparez le granola. Mélangez la noix de coco, le sucre et la farine avec la margarine fondue. Étalez la pâte en un disque et disposez-le sur la plaque du four.

2. **Faites cuire** 8 minutes environ, jusqu'à coloration noisette. Sortez le granola du four, émiettez-le grossièrement et réservez-le dans un bol.

3. **Pelez** la mangue et coupez-la en tranches épaisses, puis en petits dés. Réservez au frais.

4. **Répartissez,** au moment de servir, les dés de mangue dans le fond de 4 verres. Mélangez les yaourts avec la noix de coco séchée dans un grand bol, puis répartissez le mélange dans les verres. Parsemez de granola-coco émietté et servez.

Le + Forme

Pour un granola sans gluten et plus parfumé, mélangez 30g de farine de riz et 30g de farine de châtaigne.

TARTARE
de fruits exotiques

SANS GLUTEN · SANS LACTOSE · SPÉCIAL ANTI-ÂGE · SPÉCIAL VEGAN · SUPER ALIMENT · SPÉCIAL DÉTOX · SUPER DIGESTE

POUR 4 PERSONNES / PRÉPARATION : 15 MIN / CUISSON : 5 À 10 MIN

INGRÉDIENTS : 150 g d'ananas • 2 fruits du dragon • ½ mangue • 1 banane • 2 kiwis • 20 cl de jus de fruits exotiques (100 % pur jus) • 1 cuil. à café de vanille en poudre • 1 cuil. à soupe de menthe ciselée

1. **Faites bouillir** le jus de fruits exotiques et la vanille en poudre pendant quelques minutes. Laissez refroidir.

2. **Épluchez** les différents fruits. Coupez l'ananas, les fruits du dragon et la mangue en cubes, les kiwis et la banane en fines rondelles.

3. **Répartissez** les fruits dans 4 coupelles transparentes en commençant par les rondelles de banane et de kiwi, les fruits du dragon, puis en ajoutant les dés de mangue et d'ananas. Arrosez avec le jus à la vanille, parsemez de menthe ciselée et servez aussitôt.

Le + Forme

Les tartares de fruits sont légers et délicieux. Pour profiter de leur apport en vitamines, consommez-les rapidement après préparation.

GÂTEAU AUX PISTACHES
à la fleur d'oranger

SPÉCIAL VEGGIE

SUPER DIGESTE

POUR 8 PERSONNES
PRÉPARATION : 15 MIN
CUISSON : 40 MIN

INGRÉDIENTS

2 œufs

1 yaourt nature

180 g de farine (T65)

100 g de pistaches décortiquées nature

75 g de sucre blond de canne

4 cuil. à soupe d'huile de colza

1 cuil. à soupe d'eau de fleur d'oranger

1 cuil. à soupe de fécule (Maïzena® ou arrow-root)

1 sachet de poudre à lever biologique (sans phosphates)

1 noix de margarine spécial cuisson pour le moule

1. Préchauffez le four à 150 °C (th. 5).

2. Mixez les pistaches et mélangez-en les trois quarts avec la fécule. Dans un saladier, fouettez les œufs avec le sucre, jusqu'à ce que le mélange blanchisse. Ajoutez le yaourt, l'huile et l'eau de fleur d'oranger. Remuez bien. Ajoutez peu à peu la farine et la levure. Terminez par le mélange pistaches-fécule.

3. Versez la pâte obtenue dans un moule à manqué graissé. Enfournez pour 40 minutes.

4. À la sortie du four, laissez le gâteau refroidir 10 minutes avant de le démouler. Servez parsemé du reste de pistaches.

Le + Forme

La pistache et l'huile de colza contiennent des lipides bénéfiques, protecteurs du système cardiovasculaire.

PANNACOTTA
à la fraise

SANS GLUTEN · SPÉCIAL ANTI-ÂGE · SPÉCIAL VEGGIE · SUPER ALIMENT · SUPER DIGESTE

POUR 6 PERSONNES
PRÉPARATION : 10 MIN
CUISSON : 5 MIN
RÉFRIGÉRATION : 2 H

INGRÉDIENTS

- 250 g de fraises
- 30 cl de lait de soja
- 20 cl de crème de soja
- 4 cuil. à soupe de sirop d'agave (Jean Hervé®, par exemple)
- 1 cuil. à café d'agar-agar en poudre
- 1 cuil. à café de vanille en poudre
- Quelques gouttes d'extrait de vanille liquide

1. Versez dans une casserole le lait, la crème, la vanille en poudre, l'extrait de vanille et l'agar-agar. Mélangez et portez à ébullition, puis laissez bouillir 1 minute sans cesser de remuer. Retirez du feu, ajoutez 3 cuillerées de sirop d'agave, mélangez et répartissez la préparation dans 6 verrines. Laissez refroidir et réservez 2 heures au réfrigérateur.

2. Pendant ce temps, lavez puis équeutez les fraises. Coupez-les en morceaux et mixez-les avec le reste de sirop d'agave. Réservez également au frais.

3. Servez chaque pannacotta nappée d'un peu de coulis de fraises.

Le + Forme

Sans lactose, cet entremets est particulièrement digeste. Les fraises se classent parmi les fruits au plus fort pouvoir antioxydant : consommez-en régulièrement en saison.

MUFFINS
aux cranberries

SPÉCIAL ANTI-ÂGE · SPÉCIAL VEGGIE · SUPER ALIMENT · SUPER DIGESTE

POUR 8 MUFFINS ENVIRON / PRÉPARATION : 15 MIN / CUISSON : 20 MIN

INGRÉDIENTS : 100 g de farine de blé complet (T80) • 100 g de farine blanche (T65) • 2 œufs • 40 g de cranberries séchées • 1 yaourt nature au lait entier • ½ sachet de poudre à lever biologique • 25 g de cerneaux de noix concassés • 8 cl de sirop d'érable • 2 cuil. à café d'huile d'olive vierge extra • 1 cuil. à soupe d'huile pour les moules • sel gris

1. **Préchauffez** le four à 180 °C (th. 6).

2. **Mélangez** les farines avec la levure et une pincée de sel, puis tamisez le tout. Battez les œufs avec le sirop d'érable, l'huile et le yaourt, puis incorporez la farine tamisée par petites quantités. Ajoutez les noix et les cranberries.

3. **Huilez** 8 moules à muffins et remplissez-les de pâte aux deux tiers. Enfournez et faites cuire 20 minutes environ.

Le + Forme

Les cranberries sont riches en antioxydants, et les noix contiennent des Oméga-3.

SOUPE DE PÊCHES
aux pistaches

SANS GLUTEN · SANS LACTOSE · SPÉCIAL ANTI-ÂGE · SPÉCIAL VEGAN · SPÉCIAL DÉTOX · SUPER DIGESTE

POUR 4 PERSONNES / PRÉPARATION : 10 MIN

INGRÉDIENTS : 3 pêches jaunes mûres • 2 cuil. à soupe de pistaches nature • 1 cuil. à soupe de purée d'amandes (Jean Hervé®, par exemple) • 1 cuil. à soupe de sirop d'agave • 5 cl de lait d'amande

1. Pelez les pêches, coupez-les en deux et dénoyautez-les. Taillez ½ pêche en petits dés ; réservez-les au frais.

2. Coupez le reste des pêches en gros morceaux. Mettez-les dans le bol d'un blender avec le lait, la purée d'amandes et le sirop d'agave. Mixez jusqu'à l'obtention d'une mousse et répartissez-la dans 4 coupes en verre. Réservez au frais jusqu'au moment de servir.

3. Concassez grossièrement les pistaches, parsemez-en les mousses, répartissez les dés de pêche réservés et servez aussitôt.

Le + Forme

Choisissez des pêches à chair jaune orangée, elles seront plus riches en carotènes.

PAPILLOTES DE BANANES
au sirop d'érable

SANS GLUTEN · SANS LACTOSE · SPÉCIAL ANTI-ÂGE · SPÉCIAL VEGAN · SUPER DIGESTE

POUR 4 PERSONNES
PRÉPARATION : 10 MIN
CUISSON : 5-6 MIN

INGRÉDIENTS

4 petites bananes
1 cuil. à soupe de sirop d'érable
Le jus de 2 oranges
8 noix de pécan grossièrement concassées
4 pincées de cannelle en poudre
4 pincées de gingembre en poudre
4 pincées de vanille en poudre

1. **Préchauffez** le four à 200 °C (th. 6-7). Épluchez les bananes et coupez-les en deux dans le sens de la longueur. Dans un bol, mélangez le sirop d'érable, le jus d'orange, la cannelle, le gingembre et la vanille.

2. **Découpez** 4 grandes feuilles de papier sulfurisé (ou prenez des papillotes en silicone). Disposez 2 demi-bananes au centre de chacune d'elles, puis arrosez-les avec un quart du mélange épicé.

3. **Formez** un bonbon avec le papier sulfurisé en prenant soin de ne pas renverser le jus. Fermez chaque extrémité avec une lanière de raphia (ou posez le couvercle de papillotes en silicone), puis déposez les papillotes obtenues sur une plaque. Enfournez pour 5 ou 6 minutes.

4. **Pour servir,** ouvrez les papillotes et parsemez-les de noix de pécan.

Le + Forme

La banane est riche en potassium et en magnésium, et beaucoup moins calorique qu'on ne le pense. Vous pouvez en consommer 1 ou 2 fois par semaine, sans aucun problème.

SALADE
de clémentines et de dattes

SANS GLUTEN · SANS LACTOSE · SPÉCIAL ANTI-ÂGE · SPÉCIAL VEGGIE · SUPER DIGESTE

POUR 4 PERSONNES / PRÉPARATION : 10 MIN / MARINADE : 3 H

INGRÉDIENTS : 6 clémentines • 12 dattes • 2 cuil. à soupe de miel • 1 cuil. à soupe d'eau de fleur d'oranger • 1 cuil. à soupe de cannelle en poudre

1. Pelez les clémentines, séparez les quartiers, puis dénoyautez les dattes et mettez-les dans un saladier, avec les dés de clémentines. Remuez délicatement le tout.

2. Mélangez le miel, l'eau de fleur d'oranger et la cannelle dans un bol, puis arrosez-en la salade de fruits.

3. Couvrez de film alimentaire et laissez mariner 3 heures au réfrigérateur avant de servir.

Le + Forme

La clémentine est une excellente source de vitamine C et de polyphénols antivieillissement. Elle est par ailleurs légère en calories.

TABOULÉ FRUITÉ
aux céréales d'antan

SANS LACTOSE · SPÉCIAL ANTI-ÂGE · SPÉCIAL VEGAN · SPÉCIAL DÉTOX · SUPER DIGESTE

POUR 4 PERSONNES / PRÉPARATION : 20 MIN / RÉFRIGÉRATION : 1 H / CUISSON : 15 MIN

INGRÉDIENTS : 120 g de mélange de céréales amarante et quinoa • 2 nectarines • 70 g de groseilles • ½ melon • 2 tiges de menthe (ou 1 cuil. à soupe de menthe ciselée) • 1 cuil. à soupe de sirop de grenadine biologique • 1 filet d'huile d'olive

1. **Portez** 25 cl d'eau à ébullition. Versez-y le mélange de céréales et laissez cuire 15 minutes. Puis ôtez du feu, ajoutez le sirop de grenadine et couvrez pour laisser gonfler les grains quelques minutes. Versez l'huile d'olive et égrenez le mélange avec une fourchette.

2. **Lavez** les nectarines, essuyez-les, puis coupez-les en dés (avec leur peau). Passez les groseilles sous un filet d'eau avant de les égrener. Coupez également la chair du melon en dés.

3. **Mélangez** les dés de fruits avec les céréales et la menthe dans un saladier, puis répartissez la préparation dans 4 verrines. Réservez au frais au moins 1 heure avant de servir.

Le + Forme

Les groseilles font partie des superaliments : peu caloriques, elles ont un pouvoir protecteur très élevé.

GÂTEAU INVISIBLE
poire-châtaigne

SANS GLUTEN · SANS LACTOSE · SPÉCIAL ANTI-ÂGE · SPÉCIAL VEGGIE · SUPER DIGESTE

POUR 6 PERSONNES
PRÉPARATION : 20 MIN
CUISSON : 50 MIN
RÉFRIGÉRATION : 2 H

INGRÉDIENTS

- 1 kg de poires (comice, conférence, louise-bonne)
- 2 œufs
- 70 g de sucre de canne blond
- 75 g de farine de châtaigne
- 3 cuil. à soupe de crème de marrons
- Un peu de margarine pour le moule

1. Fouettez, dans un grand saladier, les œufs avec 45 g de sucre. Ajoutez la farine et la crème de marrons. Mélangez jusqu'à l'obtention d'une pâte homogène. Délayez petit à petit avec 15 cl d'eau pour obtenir une pâte sans grumeaux.

2. Préchauffez le four à 190 °C (th. 6-7). Pelez les poires, coupez-les en quatre et retirez le cœur et les pépins. À l'aide d'une mandoline ou d'un couteau bien aiguisé, tranchez les poires en lamelles de 2 mm d'épaisseur. Incorporez-les au fur et à mesure à la pâte en remuant délicatement : les lamelles s'enrobent de pâte.

3. Graissez le moule et saupoudrez-le du reste de sucre. Versez les lamelles de poires dans le moule, tassez et lissez avec le dos d'une cuillère. Enfournez pour 50 minutes. Vérifiez la cuisson avec la pointe d'un couteau : si la lame s'enfonce facilement, les poires sont assez tendres.

4. Faites refroidir le gâteau à température ambiante avant de le démouler, puis conservez-le au frais (au moins 2 heures) avant de servir.

Le + Forme

La farine de châtaigne est concentrée en minéraux (fer, calcium, magnésium). Si sa saveur vous semble trop marquée, associez-la à une autre farine sans gluten, plus neutre (riz, Maïzena®, millet…).

BISCUITS MOELLEUX
à la crème de pruneaux

SPÉCIAL VEGGIE

SUPER DIGESTE

POUR 30 BISCUITS
PRÉPARATION : 25 MIN
CUISSON : 15 MIN
REPOS : 30 MIN

INGRÉDIENTS

- 150 g de crème de pruneaux
- 130 g de farine de blé
- 100 g de farine de riz complète
- 160 g de beurre mou
- 1 œuf
- 80 g de vergeoise
- 40 g d'amandes en poudre
- 20 g de farine de maïs jaune
- ½ cuil. à café de levure
- 2 gouttes d'huile essentielle d'anis vert
- 1 pincée de sel

1. Travaillez l'œuf entier et la vergeoise au fouet électrique pour obtenir un mélange crémeux. Ajoutez le beurre mou, mais non fondu et continuez à battre. Incorporez ensuite la farine de blé et la farine de riz, la levure, les amandes et le sel. Travaillez la pâte à la spatule, puis à la main.

2. Préchauffez le four à 150 °C (th. 5). Divisez la pâte en deux parties égales. Étalez la moitié de la pâte, sur une épaisseur de 5 mm environ, dans un moule carré garni de papier sulfurisé.

3. Mélangez dans un bol la crème de pruneaux et l'huile essentielle d'anis vert. Étalez cette préparation sur la pâte. Recouvrez avec l'autre partie de la pâte, préalablement étalée sur le plan de travail. Piquez la pâte avec la pointe d'une fourchette et saupoudrez-la de farine de maïs.

4. Faites cuire 15 minutes, puis laissez refroidir dans le moule 30 minutes au moins. Découpez de petits biscuits carrés de 3 cm de côté, à l'aide d'un couteau. Rangez-les dans une boîte hermétique.

Le + Forme

Les pruneaux ont un effet régulateur bien connu sur le transit. Ils contiennent en effet des fibres, mais également des substances naturelles légèrement laxatives.

FROZEN fraise-basilic

SANS GLUTEN · SPÉCIAL ANTI-ÂGE · SPÉCIAL VEGGIE · SUPER DIGESTE

POUR 6 PERSONNES / PRÉPARATION : 20 MIN /
RÉFRIGÉRATION : 3 H AU CONGÉLATEUR OU 20 MIN DANS UNE TURBINE

INGRÉDIENTS : 500 g de fraises • 500 g de yaourt • 1 citron vert • 20 feuilles de basilic • 80 g de sucre glace • ½ cuil. à café de poivre + un peu pour le décor

1. Lavez et séchez délicatement les fraises et le basilic. Équeutez les fraises, puis coupez-les en deux. Ciselez les feuilles de basilic. Pressez le citron pour recueillir 2 cuillerées à soupe de jus.

2. Placez les fraises dans le bol d'un blender et mixez. Ajoutez le yaourt, le sucre glace et le basilic (réservez-en un peu pour le décor), puis mixez à nouveau. Incorporez le jus de citron vert et le poivre, et mélangez.

3. Versez la préparation dans une turbine pendant 20 minutes ou placez-la au congélateur pendant 3 heures environ, en remuant régulièrement.

4. Au moment de servir, disposez la glace dans des coupes. Ajoutez quelques feuilles de basilic par-dessus et saupoudrez de poivre pour rehausser le goût.

Le + Forme

La glace au yaourt est onctueuse mais légère en calories. C'est également une bonne source de calcium.

MUFFINS orange-dattes

SPÉCIAL ANTI-ÂGE · SPÉCIAL VEGGIE · SUPER DIGESTE

POUR 6 GÂTEAUX / PRÉPARATION : 20 MIN / CUISSON : 20 À 25 MIN / REPOS : 30 MIN

INGRÉDIENTS : 30 g de dattes dénoyautées et finement émincées • 1 cuil. à café de zestes d'orange biologiques • 1 petite carotte pelée et râpée • 1 œuf • 1 yaourt nature • 100 g de farine complète (T80), ou de farine de petit épeautre • 60 g de flocons d'avoine • 25 g de sucre complet (rapadura) • ½ sachet de poudre à lever biologique (sans phosphates) • 1 cuil. à café d'huile d'olive

1. Préchauffez le four à 180 °C (th. 6). Dans un saladier, mélangez les dattes, la farine, la levure, les flocons d'avoine, les zestes d'orange et le sucre. Puis incorporez la carotte râpée. Creusez un puits au centre de cette préparation.

2. Dans une jatte, fouettez l'œuf, le yaourt et l'huile. Versez ce mélange dans le puits. Mélangez rapidement, jusqu'à l'obtention d'une pâte homogène.

3. Répartissez la pâte dans les 6 alvéoles d'une plaque de moules à muffins en silicone. Enfournez pour 20 à 25 minutes, jusqu'à ce que les gâteaux soient dorés et bien gonflés. Laissez refroidir avant de servir.

Le + Forme

De petits gâteaux concentrés en fibres et en minéraux. À déguster après un plat léger (salade composée, légumes…)

FLANS
de tofu soyeux à l'abricot

SANS GLUTEN · SANS LACTOSE · SPÉCIAL ANTI-ÂGE · SPÉCIAL DÉTOX · SUPER DIGESTE

POUR 4 À 6 PERSONNES
PRÉPARATION : 20 MIN
CUISSON : 5 À 10 MIN
RÉFRIGÉRATION : 3 H

INGRÉDIENTS

300 g d'abricots au sirop léger
300 g de tofu (voir aussi p. 26)
4 feuilles de gélatine (8 g)

1. **Mettez** la gélatine à tremper dans un bol d'eau froide pour la ramollir. Égouttez bien les abricots. Mettez-les dans le bol d'un robot et mixez-les en purée fine. Fouettez le tofu soyeux dans un bol jusqu'à lui donner une consistance souple et onctueuse.

2. **Égouttez** la gélatine en la pressant entre les doigts. Mettez-la dans une casserole avec le quart de la purée d'abricots et chauffez doucement en remuant pour la faire fondre. Ajoutez le reste de la purée d'abricots, mélangez bien, puis retirez du feu.

3. **Incorporez** le tofu, en fouettant pour bien homogénéiser l'ensemble. Répartissez dans des petits pots ou des moules en silicone et mettez au moins 3 heures au réfrigérateur.

4. **Quand les flans sont fermes,** démoulez-les en les retournant sur un plat ou sur des petites assiettes. Ou servez directement, très frais.

Le + Forme

Le tofu soyeux, de consistance similaire à celle d'une faisselle, est riche en protéines. Peu calorique, il rassasie bien et permet de réaliser des desserts légers.

GÂTEAU INVISIBLE
coing et gingembre

SANS LACTOSE · SPÉCIAL VEGGIE · SUPER DIGESTE

POUR 8 PERSONNES
PRÉPARATION : 30 MIN
CUISSON : 1 H
RÉFRIGÉRATION : 2 H

INGRÉDIENTS

- 1 kg de coings
- 30 g de gingembre confit
- 70 g de purée de noisettes
- 2 œufs
- 105 g de sucre de canne blond
- 70 g de farine de blé T65 (ou T80)
- ½ cuil. à café de vanille en poudre
- Un peu de margarine pour le moule

1. Coupez le gingembre confit en tout petits morceaux. Épluchez les coings, coupez-les en quatre et ôtez le trognon. À l'aide d'un couteau bien aiguisé, tranchez les coings en lamelles très fines. Faites cuire les lamelles de coings avec 10 cl d'eau dans une casserole, à feu moyen et à couvert pendant 15 minutes.

2. Dans un grand saladier, fouettez les œufs avec 80 g de sucre, la vanille et la purée de noisettes. Ajoutez la farine et mélangez jusqu'à l'obtention d'une pâte homogène. Délayez petit à petit avec 10 cl d'eau pour obtenir une pâte sans grumeaux. Ajoutez le gingembre et remuez de nouveau.

3. Préchauffez le four à 190 °C (th. 6-7). Incorporez les lamelles de coings cuites à la pâte et remuez délicatement. Badigeonnez de margarine un moule rond de 22 cm de diamètre et saupoudrez-le du reste de sucre. Versez la préparation dans le moule, tassez et lissez avec le dos d'une cuillère.

4. Enfournez pour 45 minutes. Vérifiez la cuisson avec la pointe d'un couteau : si elle s'enfonce facilement, les coings sont assez tendres.

5. Faites refroidir le gâteau à température ambiante avant de le démouler, puis conservez-le au réfrigérateur (au moins 2 heures).

Le + Forme

Voici un gâteau sans matière grasse, mais très bien pourvu en glucides et en minéraux. Il est donc bien adapté au repas précédant une activité sportive.

SPÉCIAL VEGAN

Lait épicé

Portez à ébullition 20 cl de lait de quinoa, 1 pincée de piment, quelques baies de Sichuan, et 1 pincée de cannelle. Filtrez et dégustez très chaud.

SPÉCIAL ANTI-ÂGE

Bonne hydratation

Boire suffisamment est important pour nettoyer l'organisme et assurer une bonne hydratation. Avec les années, la sensation de soif est moins bien perçue, il faut donc boire avant d'avoir très soif ! La bonne dose : 1,5 litre environ par jour, toutes boissons confondues. Et si vous n'aimez pas l'eau plate et froide, ce n'est pas un problème : buvez des infusions et du thé vert, aux vertus anti-âge bien connues.

SANS GLUTEN

Restez vigilant...

Même les boissons peuvent contenir du gluten. À bannir : les boissons lactées industrielles aromatisées (chocolat, fraise...), les préparations pour capuccino et chocolat chaud, les poudres chocolatées, les boissons maltées. Certains laits végétaux (avoine) et la bière, aussi !
Les sirops de fruits, les jus de fruits, le lait de vache, les smoothies et toutes les eaux ne posent pas de problème.

SANS LACTOSE

Le meilleur des chocolats chauds

Mélangez 10 cl de lait de coco, 10 cl de lait de riz, 2 pincée de maïzena, 2 cuil. à café de cacao pur, 1 c. à c. de sucre roux, 1 pincée de piment et 1 goutte d'extrait de vanille. Chauffez 2 min au micro-ondes, mélangez et dégustez.

SPÉCIAL DÉTOX

L'eau aromatisée zéro calorie

Versez 1 litre d'eau minérale bien fraîche dans une carafe en verre. Ajoutez le jus d'un citron, 3 gouttes d'huile essentielle de menthe, 1 goutte d'huile essentielle de romarin, 3 gouttes d'huile essentielle de citron. Dégustez frais, dans la matinée.

Boissons

SPÉCIAL VEGGIE

Smoothie super gourmand

Mixez 1 banane, 1 morceau de mangue, 100 g de framboise, 10 cl de lait et 2 boules de glace vanille. Dégustez aussitôt. Idéal pour compléter un menu un peu léger.

INDEX GLYCÉMIQUE BAS

Le smoothie, c'est permis !

À condition de sélectionner des ingrédients à IG bas et de ne pas ajouter de sucre. Mixez 1 yaourt nature, 1 pomme fondante pelée, 1 kiwi, et ajoutez des graines de chia préalablement trempées dans l'eau pendant 1 heure (1 cuil à soupe). Ajoutez du sirop d'agave (facultatif) et dégustez lentement !

SUPER ALIMENT

Spiruline à boire

La spiruline donne une couleur bleu lagon à vos boissons. À tester à l'apéro, ou pour un repas monochrome ! Diluez tout simplement 2 belles pincées de poudre de spiruline dans de l'eau plate ou gazeuse. Ajoutez éventuellement du jus de citron.

SUPER DIGESTE

L'eau de gingembre

Portez à ébullition 1 litre d'eau avec 1 morceau de gingembre de 3 cm lavé et coupé en morceaux (inutile de le peler). Laissez mijoter 10 min, puis filtrez. Dégustez après repas, en ajoutant 1 cuillère à café de miel et un peu de jus de citron.

TISANE digestion légère

SANS GLUTEN · SANS LACTOSE · SPÉCIAL VEGAN · SPÉCIAL DÉTOX · SUPER DIGESTE

INGRÉDIENTS : 1 pincée de feuilles de verveine (fraîches ou sèches) • 1 pincée de feuilles de mélisse (fraîches ou sèches) • 2 gouttes d'huile essentielle de gingembre bio • 2 gouttes d'huile essentielle de citron bio • 50 cl d'eau de source

POUR 2 TASSES

PRÉPARATION : 2 MIN

INFUSION : 5 MIN

Mettez les feuilles dans une théière, ajoutez de l'eau de source juste frémissante. Laissez infuser 5 minutes, ajoutez l'huile essentielle de gingembre et l'huile essentielle de citron. Mélangez, servez en filtrant avec une petite passoire.

NUIT SEREINE

SANS GLUTEN · SANS LACTOSE · SPÉCIAL VEGAN · SPÉCIAL DÉTOX · SUPER DIGESTE

INGRÉDIENTS : 1 pincée de fleurs d'oranger (fraîches ou sèches) • 1 pincée de feuilles de tilleul (sèches) • 1 goutte d'huile essentielle de basilic • 50 cl d'eau de source

POUR 2 TASSES

PRÉPARATION : 2 MIN

INFUSION : 5 MIN

Mettez les fleurs et les feuilles dans une théière, ajoutez de l'eau de source juste frémissante. Laissez infuser 5 minutes, puis ajoutez l'huile essentielle de basilic. Mélangez, servez en filtrant avec une petite passoire.

DÉTOX

SANS GLUTEN · SANS LACTOSE · SPÉCIAL VEGAN · SPÉCIAL DÉTOX · SUPER DIGESTE

INGRÉDIENTS : 1 pincée de feuilles de romarin (fraîches ou sèches) • 1 pincée de graines d'anis (sèches) • 1 pincée de queues de cerises (sèches) • ½ citron • 50 cl d'eau de source

POUR 2 TASSES

PRÉPARATION : 2 MIN

INFUSION : 5 MIN

Mettez les feuilles de romarin, les graines d'anis et les queues de cerises dans une théière, ajoutez de l'eau de source juste frémissante. Laissez infuser 5 minutes. Servez en filtrant avec une petite passoire, puis ajoutez quelques gouttes de jus de citron et dégustez.

TISANE D'HIBISCUS
et de girofle

SANS GLUTEN · SANS LACTOSE · SPÉCIAL VEGAN · SPÉCIAL DÉTOX · SUPER DIGESTE

INGRÉDIENTS : 10 fleurs d'hibiscus séchées • 2 clous de girofle • 1 petit zeste d'orange • 50 cl d'eau

POUR 2 TASSES
PRÉPARATION : 2 MIN
INFUSION : 5 MIN

Mettez les fleurs d'hibiscus, les clous de girofle et le zeste d'orange dans une théière ou dans une tisanière. Faites bouillir l'eau, versez-la dans la théière et remuez. Laissez infuser pendant 5 minutes avant de filtrer et de servir.

TISANE DE MAUVE
et de badiane

SANS GLUTEN · SANS LACTOSE · SPÉCIAL VEGAN · SPÉCIAL DÉTOX · SUPER DIGESTE

INGRÉDIENTS : 15 fleurs de mauve séchées • 4 étoiles de badiane • 50 cl d'eau

POUR 2 TASSES
PRÉPARATION : 2 MIN
INFUSION : 2 À 3 MIN

Mettez les étoiles de badiane et les fleurs de mauve dans une théière ou dans une tisanière. Faites bouillir l'eau, versez-la dans la théière et remuez. Laissez infuser pendant 2 à 3 minutes avant de filtrer et de servir.

TISANE DE CITRONNELLE
et de cannelle

SANS GLUTEN · SANS LACTOSE · SPÉCIAL VEGAN · SPÉCIAL DÉTOX · SUPER DIGESTE

INGRÉDIENTS : 1 tige de citronnelle fraîche • 1 bâton de cannelle • 1 lanière de zeste de citron • 50 cl d'eau

POUR 2 TASSES
PRÉPARATION : 2 MIN
INFUSION : 5 MIN

Coupez la citronnelle en rondelles et mettez-la dans une théière ou une tisanière. Ajoutez le bâton de cannelle cassé en morceaux et le zeste de citron. Faites bouillir l'eau, versez-la dans la théière et remuez. Laissez infuser pendant 5 minutes avant de filtrer et de servir.

TISANE DE GINGEMBRE
et de vanille

SANS GLUTEN · SANS LACTOSE · SPÉCIAL VEGAN · SPÉCIAL DÉTOX · SUPER DIGESTE

INGRÉDIENTS : 1 morceau de gingembre frais • ½ gousse de vanille • 1 lanière de zeste de citron vert • 50 cl d'eau

POUR 2 TASSES
PRÉPARATION : 5 MIN
INFUSION : 5 MIN

1. **Pelez le gingembre** et coupez-le en rondelles. Fendez la demi-gousse de vanille en deux dans le sens de la longueur et récupérez les petites graines noires aromatiques qu'elle renferme. Mettez le gingembre, les graines de vanille et le zeste de citron vert dans une théière ou dans une tisanière.

2. **Faites bouillir l'eau,** versez-la dans la théière et remuez. Laissez infuser pendant 5 minutes avant de filtrer et de servir.

TISANE DE COQUELICOT
et de réglisse

SANS GLUTEN · SANS LACTOSE · SPÉCIAL VEGAN · SPÉCIAL DÉTOX · SUPER DIGESTE

INGRÉDIENTS : 2 cuil. à soupe de fleurs de coquelicot séchées • ½ bâton de réglisse • 50 cl d'eau

POUR 2 TASSES
PRÉPARATION : 2 MIN
INFUSION : 10 MIN

Mettez les fleurs de coquelicots et le bâton de réglisse, préalablement cassé en morceaux, dans une théière ou dans une tisanière. Faites bouillir l'eau, versez-la dans la théière et remuez, puis laissez infuser pendant 10 minutes avant de filtrer et de servir.

CAFÉ BLANC

SANS GLUTEN · SANS LACTOSE · SPÉCIAL VEGAN · SPÉCIAL DÉTOX · SUPER DIGESTE

INGRÉDIENTS : 6 cuil. à café d'eau de fleur d'oranger • 1,5 l d'eau chaude

POUR 6 TASSES
PRÉPARATION : 4 MIN

Versez 1 cuillerée à café d'eau de fleur d'oranger dans chaque tasse ou verre. Complétez avec de l'eau chaude et sucrez légèrement si vous le désirez.

JUS de fruits

SANS GLUTEN · SANS LACTOSE · SPÉCIAL ANTI-ÂGE · SPÉCIAL VEGAN · SPÉCIAL DÉTOX · SUPER DIGESTE

POUR 6 VERRES / PRÉPARATION : 10 MIN

INGRÉDIENTS : 2 kg de fruits : 6 pommes • 2 pamplemousses • 1 ananas • 4 fruits de la passion

1. Brossez les pommes sous l'eau chaude et coupez-les en quatre. Pelez les pamplemousses et l'ananas.

2. Coupez tous ces fruits en morceaux. Ouvrez les fruits de la passion en deux, puis prélevez le jus et les graines avec une petite cuillère.

3. Passez tous les fruits à la centrifugeuse, recueillez le jus et servez aussitôt.

Le + Forme

À réaliser avec toutes sortes de fruits. Choisissez de préférence des fruits non traités et, si c'est possible, ne les épluchez pas ; s'ils ont été traités, épluchez-les systématiquement (les substances, bonnes et mauvaises, se concentrent dans la peau).

JUS de légumes

SANS GLUTEN · SANS LACTOSE · SPÉCIAL ANTI-ÂGE · SPÉCIAL VEGAN · SPÉCIAL DÉTOX · SUPER DIGESTE

POUR 6 VERRES / PRÉPARATION : 10 MIN

INGRÉDIENTS : 2 kg de légumes : 12 carottes environ • 1 ou 2 petites betteraves rouges ou betteraves chioggia • 1 branche de céleri • ½ concombre

1. Lavez tous les légumes en les brossant sous l'eau froide ; inutile de les peler s'ils sont bio.

2. Passez-les à la centrifugeuse, recueillez le jus et servez sans attendre.

Le + Forme

Vous pouvez remplacer les betteraves par du radis noir et ajouter 1 ou 2 pommes.

JUS grenade-menthe

SANS GLUTEN · SANS LACTOSE · SPÉCIAL VEGAN · SUPER ALIMENT · SPÉCIAL DÉTOX · SUPER DIGESTE

POUR 6 VERRES / PRÉPARATION : 5 MIN / MACÉRATION : 2 H

INGRÉDIENTS : 5 ou 6 grenades bien mûres • 20 feuilles de menthe •10 cl de jus de pomme

1. Coupez les grenades en deux dans le sens de l'épaisseur et pressez-les à l'aide d'un presse-agrumes en appuyant fort pour bien éclater les graines, ou entre vos mains au-dessus d'une passoire pour exprimer le maximum de jus, et écraser avec les doigts contre la passoire les graines qui n'auraient pas éclaté. Ajoutez les feuilles de menthe, finement ciselées, et le jus de pomme.

2. Laissez macérer pendant 2 heures au frais et filtrez avant de servir.

Le + Forme

Si vous avez une machine à glace, faites prendre ce mélange : vous obtiendrez un sorbet délicieux et insolite.

JUS hibiscus-gingembre

SANS GLUTEN · SANS LACTOSE · SPÉCIAL ANTI-ÂGE · SPÉCIAL VEGAN · SPÉCIAL DÉTOX · SUPER DIGESTE

POUR 6 VERRES / PRÉPARATION : 5 MIN / CUISSON : 30 MIN / RÉFRIGÉRATION : QUELQUES HEURES

INGRÉDIENTS : 50 g de fleurs d'hibiscus séchées • 10 cl de jus de gingembre • 15 cl de sirop de sucre de canne • 20 feuilles de menthe • 2 l d'eau

1. Faites bouillir l'eau avec le sirop et les fleurs d'hibiscus pendant 30 minutes à petits frémissements. Mettez hors du feu, ajoutez les feuilles de menthe et laissez refroidir.

2. Filtrez la préparation, puis ajoutez le jus de gingembre. Réservez au réfrigérateur jusqu'au moment de servir, très frais.

Le + Forme

Les fleurs d'hibiscus séchées sont aussi nommées « bissap » ou « karkadé ». Pour obtenir 10 cl de jus de gingembre, il faut passer 200 g de rhizome de gingembre frais à la centrifugeuse.

EAU FRAÎCHE MENTHE
citron au klamath

SANS GLUTEN · SANS LACTOSE · SPÉCIAL VEGAN · SUPER ALIMENT · SPÉCIAL DÉTOX · SUPER DIGESTE

POUR 5 VERRES / PRÉPARATION : 10 MIN

INGRÉDIENTS : 1 l d'eau de source bien froide • 8 feuilles de menthe • 2 citrons bio • 2 pincées de klamath en poudre

1. **Rincez** les feuilles de menthe et froissez-les entre vos doigts. Lavez 1 citron, râpez 1 pincée de zeste et pressez ensuite le jus. Coupez l'autre citron en tranches, après l'avoir lavé.

2. **Versez** dans une carafe l'eau de source froide, le jus de citron, le zeste, les feuilles de menthe, les tranches de citron et la klamath en poudre. Mélangez et servez.

Le + Forme

Le klamath apporte une touche de couleur et un complément en oligo-éléments.

EAU de melon à la rose

SANS GLUTEN · SANS LACTOSE · SPÉCIAL VEGAN · SPÉCIAL DÉTOX · SUPER DIGESTE

POUR 5 VERRES
PRÉPARATION : 2 MIN
RÉFRIGÉRATION : 4 H

INGRÉDIENTS

1 l d'eau de source fraîche
1 petit melon bien parfumé
5 cl d'hydrolat bio de rose
2 gouttes d'huile essentielle de citron

1. **Pelez, épépinez et coupez** le melon en fines tranches.

2. **Versez** l'eau dans une carafe, ajoutez le melon, l'hydrolat de rose, l'huile essentielle de citron. Couvrez l'ouverture de la carafe avec du film étirable et placez au frais.

3. **Laissez** macérer pendant au moins 4 heures. Dégustez très frais.

Le + Forme

Légère en calories, cette eau est source de carotènes.

EAU DE COCO à l'orange et à la cannelle

SANS GLUTEN · SANS LACTOSE · SPÉCIAL VEGAN · SPÉCIAL DÉTOX · SUPER DIGESTE

POUR 5 VERRES
PRÉPARATION : 2 MIN
RÉFRIGÉRATION : 2 H

INGRÉDIENTS

1 l d'eau de coco
1 orange bio
1 pincée de cannelle

1. **Lavez** l'orange, puis coupez-la en très fines tranches.

2. **Versez** l'eau de coco dans une carafe. Ajoutez les tranches d'orange et la cannelle. Mélangez, fermez l'ouverture de la carafe avec du film étirable et placez au frais.

3. **Laissez** macérer 2 heures et servez.

SMOOTHIE banane-framboise

SANS GLUTEN · SPÉCIAL VEGGIE · SUPER DIGESTE

POUR 6 VERRES
PRÉPARATION : 5 MIN

INGRÉDIENTS

3 bananes
250 g de framboises
3 cuil. à café de miel
10 cl de jus de pomme
3 yaourts veloutés nature
15 cl de lait

1. **Pelez** les bananes, coupez-les en morceaux et mettez-les dans le bol d'un blender (vous pouvez utiliser aussi un mixeur plongeant ou un robot) avec les framboises, le miel, le jus de pomme, les yaourts et le lait.

2. **Mixez** à la vitesse maximale jusqu'à ce que le mélange soit bien émulsionné.

Le + Forme

Vous pouvez varier les fruits en fonction de la saison. Choisissez toujours des fruits juteux pas trop fermes. Vous pouvez remplacer le miel par du sucre roux, le jus de pomme par du jus de citron vert ou de pamplemousse, et le lait par du lait de soja. Quand il fait chaud, ajoutez quelques glaçons à la préparation.

SMOOTHIE au lait ribot

SANS GLUTEN · SPÉCIAL VEGGIE · SPÉCIAL DÉTOX · SUPER DIGESTE

POUR 6 VERRES
PRÉPARATION : 3 MIN

INGRÉDIENTS

6 bananes
80 cl de lait ribot (lait fermenté), de lait de riz, de lait de soja ou de lait d'amande
6 cuil. à café de miel
10 cl de jus de pomme bio

1. **Pelez** les bananes, puis mixez tous les ingrédients à l'aide d'un blender ou d'un mixeur plongeant jusqu'à ce que la consistance soit mousseuse et onctueuse.

2. **Versez** dans les verres et servez.

Le + Forme

Optez toujours pour des fruits de saison : ils seront plus parfumés et surtout plus riches en vitamines et antioxydants.

LASSI pêche-pistache

SANS GLUTEN · SPÉCIAL VEGGIE · SPÉCIAL DÉTOX · SUPER DIGESTE

POUR 4 VERRES
PRÉPARATION : 10 MIN

INGRÉDIENTS

3 pêches

20 g de pistaches non salées entières

3 yaourts brassés

2 cuil. à soupe de miel

Le jus de ½ citron

1. **Réduisez** les pistaches en poudre au mixeur. Réservez-en une petite quantité pour la décoration.

2. **Pelez** les pêches et coupez-les en morceaux. Réservez-en quelques-uns pour la décoration et mixez le reste avec les yaourts, le miel, le jus de citron et les pistaches.

3. **Répartissez** le lassi dans 4 verres et réservez au frais.

4. **Au moment de servir,** répartissez les morceaux de pêches et la poudre de pistaches sur le dessus.

Le + Forme

Si vous supportez mal le lactose, optez pour des yaourts au lait de soja ou de coco.

SMOOTHIE ESTIVAL

SANS GLUTEN · SPÉCIAL VEGGIE · SUPER DIGESTE

POUR 4 VERRES
PRÉPARATION : 10 MIN
CUISSON : 2 MIN

INGRÉDIENTS

1 petit melon

200 g de fraises

200 g de fromage blanc

10 cl de lait d'amande bien frais ou 10 cl de lait demi-écrémé

2 cuil. à soupe de poudre d'amandes

15 g d'amandes effilées

Quelques gouttes d'extrait d'amande amère (facultatif)

1. **Poêlez** les amandes effilées à sec jusqu'à légère coloration, puis réservez. Prélevez la chair du melon et coupez-la en cubes. Réservez 4 cubes pour la décoration et déposez le reste dans le blender ou un mixeur.

2. **Lavez** puis équeutez les fraises et réservez-en 4. Mettez les autres dans le blender. Ajoutez le fromage blanc, le lait d'amande, la poudre d'amandes et, si vous le souhaitez, l'extrait d'amande. Mixez le tout.

3. **Versez** le smoothie dans 4 verres à cocktail et décorez avec les cubes de melon et les fraises recoupées en petits dés. Parsemez de quelques amandes effilées grillées.

Le + Forme

Un smoothie nutritif, parfait pour un goûter vitaminé et riche en protéines.

SMOOTHIE au lait d'amande et au café

SANS GLUTEN · SANS LACTOSE · SPÉCIAL VEGAN · SUPER DIGESTE

POUR 4 VERRES / PRÉPARATION : 5 MIN

INGRÉDIENTS : 30 cl de lait d'amande • 15 cl d'expresso froid • 2 cuil. à soupe de sirop d'agave • 2 petites bananes • 1 gousse de vanille • quelques glaçons

1. Versez dans la cuve d'un blender ou d'un mixeur le café, le lait d'amande, le sirop d'agave et les bananes pelées et coupées en morceaux.

2. Coupez la gousse de vanille en deux dans la longueur et grattez-la au-dessus sur les autres ingrédients.

3. Ajoutez une poignée de glaçons, puis faites tourner jusqu'à obtenir un mélange homogène et mousseux. Répartissez dans des verres et servez immédiatement.

Le + Forme

À consommer après une activité sportive : la banane est source de magnésium et de calcium.

MILK-SHAKE
à la myrtille

SANS GLUTEN · SPÉCIAL VEGGIE · SUPER ALIMENT

POUR 2 VERRES / PRÉPARATION : 5 MIN

INGRÉDIENTS : 4 boules de glace à la vanille • 250 g de myrtilles • 1 banane bien mûre • 30 cl de lait • 2 cuil. à soupe de miel

1. Lavez et séchez les myrtilles. Versez la glace, les myrtilles, le lait et le miel dans un blender ou un mixeur. Épluchez la banane, coupez-la en rondelles et ajoutez-la aux autres ingrédients.

2. Mixez le tout en insistant bien jusqu'à obtenir un milk-shake bien mousseux. Servez dans des verres et dégustez sans attendre.

Le + Forme

La myrtille est riche en antioxydants, et elle protège les yeux du vieillissement prématuré.

SMOOTHIE automnal

SPÉCIAL VEGGIE · SUPER DIGESTE

POUR 4 VERRES
PRÉPARATION : 10 MIN

INGRÉDIENTS

1 poire
150 g de raisin blanc
1 yaourt nature
1 cuil. à soupe de germes de blé

1. **Lavez** et essuyez le raisin, puis passez les grains à la centrifugeuse et versez le jus dans le bol d'un blender ou d'un mixeur. Ajoutez le yaourt et les germes de blé.

2. **Pelez** et équeutez la poire, puis ôtez son cœur et ajoutez les quartiers aux autres ingrédients.

3. **Mixez** le tout, puis répartissez le smoothie dans 4 verres avant de servir.

SMOOTHIE cocooning

SANS GLUTEN · SPÉCIAL VEGGIE · SUPER DIGESTE

POUR 4 VERRES
PRÉPARATION : 10 MIN

INGRÉDIENTS

1 banane
1 orange
½ mangue
2 cuil. à café de miel
1 cuil. à soupe de graines de sésame

1. **Pelez** la banane, coupez-la en rondelles et mettez-les dans le bol d'un blender ou d'un mixeur. Pressez l'orange et versez le jus dans le bol. Pelez la demi-mangue et coupez-la en grosses lamelles, puis ajoutez-les dans le bol.

2. **Versez** le miel et mixez le tout jusqu'à l'obtention d'une consistance onctueuse. Versez dans 4 verres, parsemez de graines de sésame et servez.

Le + Forme

Des smoothies à déguster au petit-déjeuner, en complétant avec un bol de muësli.

FROZEN
smoothie kiwi

SANS GLUTEN · SPÉCIAL VEGGIE · SPÉCIAL DÉTOX · SUPER DIGESTE

POUR 1 VERRE
PRÉPARATION : 15 MIN
RÉFRIGÉRATION : 3 H AU CONGÉLATEUR OU 20 MIN DANS UNE TURBINE

INGRÉDIENTS

- 1 yaourt
- 1 kiwi
- 1 orange
- ½ banane
- 2 poignées de framboises
- 1 cuil. à café de miel
- 3 glaçons

1. Versez le yaourt dans un saladier. Mélangez bien à l'aide d'un fouet.

2. Mettez la préparation au congélateur pendant 3 heures environ, en mélangeant le *frozen yogurt* toutes les 45 minutes, jusqu'à la prise de la glace.

3. Épluchez le kiwi et la banane, puis coupez-les en morceaux. Pressez l'orange pour en extraire 10 cl de jus.

4. Dans le bol d'un blender ou d'un mixeur, mixez le kiwi, la banane, les framboises, le miel, les glaçons et le jus d'orange avec le *frozen yogurt* nature. Servez dans un grand verre et dégustez aussitôt.

Le + Forme

Pour une texture lisse et sans pépins, broyez séparément les framboises et passez-les au chinois avant de les incorporer au reste des ingrédients.

SMOOTHIE vert

SANS GLUTEN ○ SANS LACTOSE ○ SPÉCIAL VEGGIE ○ ○ ○ SPÉCIAL DÉTOX ○ SUPER DIGESTE

POUR 4 VERRES

PRÉPARATION : 10 MIN

INGRÉDIENTS

4 pommes vertes

1 fenouil

8 feuilles de menthe

2 citrons verts

1 cuil. à soupe de miel

Quelques glaçons

1. Pressez les citrons verts et versez le jus obtenu dans une carafe.

2. Lavez et séchez les pommes et le fenouil. Coupez les pommes en deux, puis enlevez le cœur. Passez les feuilles de menthe à la centrifugeuse, puis le fenouil et les pommes coupés en morceaux.

3. Versez les jus au fur et à mesure dans la carafe contenant le citron vert et remuez pour qu'il ne s'oxyde pas. Ajoutez le miel. Fouettez vivement le contenu de la carafe, vous pouvez aussi donner quelques tours de mixeur plongeant pour bien les mélanger.

4. Servez immédiatement dans des verres contenant quelques glaçons.

Le + Forme

Un smoothie détox qui draine en douceur le système digestif.

JUS de melon

SANS GLUTEN ○ SANS LACTOSE ○ SPÉCIAL VEGGIE ○ ○ ○ SPÉCIAL DÉTOX ○ SUPER DIGESTE

POUR 4 VERRES

PRÉPARATION : 10 MIN

CUISSON : 2 MIN

INGRÉDIENTS

1 melon

2 ou 3 tiges de menthe effeuillées

2 cuil. à soupe de miel liquide

2 cuil. à soupe de jus de citron

Quelques glaçons

1. Pelez, épépinez, puis coupez en gros cubes le melon. Déposez-les dans une barquette avec couvercle passant au four à micro-ondes. Ajoutez le miel, le jus de citron et 30 cl d'eau et faites chauffer le tout 2 minutes à température maximum. Laissez complètement refroidir.

2. Versez dans le bol d'un blender ou d'un mixeur le contenu de la barquette, ajoutez 4 ou 5 feuilles de menthe et une poignée de glaçons, puis faites tourner jusqu'à obtenir un mélange homogène et mousseux.

3. Répartissez dans des verres et terminez en décorant de quelques petites feuilles de menthe.

Le + Forme

Si le melon est bien sucré, inutile d'ajouter du miel.

JUS ORANGE, PAPAYE,
fraise et menthe

SANS GLUTEN · SANS LACTOSE · SPÉCIAL VEGAN · SPÉCIAL DÉTOX · SUPER DIGESTE

POUR 4 VERRES / PRÉPARATION : 10 MIN

INGRÉDIENTS : 1 papaye • 150 g de fraises • 1 ou 2 tiges de menthe effeuillées • Le jus de 4 oranges • Le zeste râpé de ½ citron vert • quelques glaçons

1. **Lavez et séchez** les fraises, puis équeutez-les et coupez-les en morceaux. Coupez la papaye en deux, égrenez-la, puis pelez-la et coupez-la en morceaux.

2. **Versez** dans la cuve d'un blender ou d'un mixeur le jus d'orange, les fraises, le zeste de citron, la papaye et 5 ou 6 feuilles de menthe, ajoutez une poignée de glaçons, puis faites tourner jusqu'à obtenir un mélange homogène et mousseux.

3. **Servez** dans des verres et décorez d'une ou deux petites feuilles de menthe.

Le + Forme

Un smoothie supervitaminé et source de carotènes, parfait pour préparer naturellement la peau au soleil.

JUS DE CAROTTE
à l'orange

POUR 4 VERRES / PRÉPARATION : 10 MIN

INGRÉDIENTS : 4 carottes • 4 oranges • 1 citron • 2 cuil. à soupe de miel • 2 ou 3 pincées de cumin en poudre • quelques glaçons

1. **Pressez** les oranges et le citron et filtrez les jus à travers une passoire à grille fine. Versez-les dans une carafe.

2. **Lavez** et séchez les carottes et pelez-les, puis passez-les à la centrifugeuse.

3. **Ajoutez** le jus de carotte dans la carafe ainsi que le miel et le cumin. Mélangez le tout au fouet ou avec un mixeur plongeant, insistez bien.

4. **Versez** dans des verres avec quelques glaçons. Servez immédiatement.

Le + Forme

Carotte et cumin régulent en douceur les fonctions digestives. À déguster le matin à jeun pour apaiser l'estomac et le côlon.

SMOOTHIE
mangue-framboise

SANS GLUTEN · SANS LACTOSE · SPÉCIAL ANTI-ÂGE · SPÉCIAL VEGAN · SPÉCIAL DÉTOX · SUPER DIGESTE

POUR 4 VERRES / PRÉPARATION : 10 MIN

INGRÉDIENTS : 250 g de chair de mangue • 250 g de framboises • 30 cl d'eau de coco

1. **Versez** dans un blender ou un mixeur 20 cl d'eau de coco et la chair de mangue grossièrement hachée et mixez jusqu'à obtenir une mousse onctueuse. Versez cette mousse dans un petit pichet.

2. **Versez** ensuite dans le blender ou le mixeur les 10 cl d'eau de coco restants et les framboises et mixez-les. Filtrez à travers une passoire à grille fine.

3. **Servez** les smoothies dans des verres en alternant la mangue et la framboise. Dégustez sans attendre.

Le + Forme

La mangue et la framboise sont de bonnes sources de vitamine C. Consommez votre jus rapidement, pour éviter qu'elles ne s'oxydent au contact de l'air.

LIMONADE

SANS GLUTEN · SANS LACTOSE · SPÉCIAL VEGGIE · SPÉCIAL VEGAN · SPÉCIAL DÉTOX · SUPER DIGESTE

POUR 1,5 L / PRÉPARATION : 10 MIN / CUISSON : 5 À 10 MIN / INFUSION : 10 MIN / REPOS : 2 H

INGRÉDIENTS : 1 l d'eau pétillante • 4 citrons jaunes • 1 citron vert • 80 g de sucre en poudre • 4 tiges de menthe

1. **Versez** le sucre et le zeste d'un des citrons dans une casserole. Ajoutez 18 cl d'eau et portez à ébullition à feu vif. Baissez à feu moyen et poursuivez la cuisson 3 minutes.

2. **Retirez** la casserole du feu. Effeuillez les tiges de menthe, ajoutez les feuilles dans le sirop et laissez infuser 10 minutes.

3. **Pressez** les citrons, puis ajoutez-les dans la casserole avec le sirop, mélangez bien et filtrez le tout. Mélangez avec l'eau pétillante, puis mettez le tout en bouteille et laissez au frais 2 heures.

Le + Forme

Pour une boisson encore plus légère en calories, remplacez le sucre par 5 cuillerées de sirop d'agave.

Index

INDEX SALÉ/SUCRÉ

SALÉ

SUCRÉ

INDEX PAR PROFIL FORME

SANS GLUTEN

SANS LACTOSE

SPÉCIAL ANTI-ÂGE

SPÉCIAL VEGGIE

INDEX GLYCÉMIQUE BAS

SPÉCIAL VEGAN

SUPER ALIMENT

SPÉCIAL DÉTOX

SUPER DIGESTE